Geburtstag 2011

© Verlag Zabert Sandmann
München
1. Auflage 2011
ISBN 978-3-89883-294-6

Redaktion	Edelgard Prinz-Korte, Alexandra Schlinz
Rezeptbearbeitung	Monika Reiter, Gerlinde Reiter
Grafische Gestaltung	Georg Feigl, Jürgen Endriß (Netzwerk GbR), Kuniko Taguchi
Rezeptfotos	Andrea Kramp und Bernd Gölling Jo Kirchherr (siehe auch Bildnachweis)
Umschlag	Foodfotos Vorderseite: Walter Cimbal: 2. v. rechts Jo Kirchherr: 1. v. rechts Andrea Kramp und Bernd Gölling: 1., 2. und 3. v. links Foodfotos Rückseite: Jo Kirchherr: 1. v. rechts Andrea Kramp und Bernd Gölling: 1. und 2. von links Porträtfoto: Jana Liebenstein
Foodstyling	Petra Speckmann
Herstellung	Karin Mayer, Peter Karg-Cordes
Lithografie	Christine Rühmer
Druck & Bindung	Mohn media Mohndruck GmbH, Gütersloh

 Beim Druck dieses Buchs wurde durch den innovativen Einsatz der Kraft-Wärme-Kopplung im Vergleich zum herkömmlichen Energieeinsatz bis zu 52% weniger CO_2 emittiert. *Dr. Schorb, ifeu.Institut*

In Zusammenarbeit mit dem Bayerischen Fernsehen
mit Lizenz durch die BRW-Service GmbH

Besuchen Sie uns auch im Internet unter www.zsverlag.de

ALFONS SCHUHBECK

Meine Kochschule

KOCHEN LERNEN MIT ALFONS SCHUHBECK

Inhalt

Vorwort 6

Kleine Kochschule 8

Frühstück, Vorspeisen & Salate 20

Suppen & Saucen 72

Kartoffeln, Nudeln, Gemüse & Co. 104

Fisch & Meeresfrüchte 140

Fleisch, Geflügel & Wild 158

Süßes & Desserts 212

Vorwort

Kochen ist ein großes Vergnügen: Was gibt es Schöneres, als frische Lebensmittel von bester Qualität in köstliche Gerichte zu verwandeln und diese im Kreis der Familie oder lieber Freunde in entspannter Atmosphäre zu genießen? Mit diesem Buch möchte ich Koch-Einsteigern genauso wie Hobbyköchen das Wissen an die Hand geben, erfolgreich zu kochen und dabei noch viel Spaß zu haben.

In meiner Kochschule zeige ich Ihnen deshalb wichtige Grundtechniken, Tricks und Kniffe, wie man im Handumdrehen zum guten Koch wird. Auch komplizierte Vorgänge sind ab sofort kein Problem mehr für Sie. Denn ich habe sie in einzelne kleine Schritte aufgeteilt, sodass alles leicht verständlich, übersichtlich und immer einfach nachzukochen ist.

Gleich am Anfang möchte ich Ihnen eines mit auf den Weg geben: Das Wichtigste beim Kochen ist der Respekt vor den Zutaten. Damit meine ich, dass man nicht nur auf die Qualität der Lebensmittel achtet, sondern sie vor allem auch sorgfältig verarbeitet. Und damit sind wir bei meiner zweiten wichtigen Kochregel: weniger ist mehr. Das gilt zum Beispiel für die Temperatur, bei der ein Braten gegart wird. Lassen Sie dem Fleisch Zeit, dann wird es schön weich und saftig. Und auch Kräuter und Gewürze mögen keine große Hitze, dann verlieren sie ihren Biss und ihr Aroma. Deshalb: Immer erst zum Schluss würzen, dann entfalten sie ihre ganze Kraft. Und da mir Kräuter und Gewürze ja bekanntlich besonders am Herzen liegen, gibt es auch eine kurze Abhandlung darüber, was sie so alles können und wie sie am besten zur Geltung kommen.

Jetzt wünsche ich Ihnen viel Freude mit diesem Buch. Aus meiner langjährigen Kocherfahrung weiß ich, was vielen weniger geübten, aber auch fortgeschrittenen Hobbyköchen an Fragen »auf den Nägeln brennt«. Ich hoffe, ich kann Ihren Wissenshunger stillen und einige Antworten geben! Und nun würde ich sagen: Studieren Sie einfach ein bisserl dieses Buch, lassen Sie sich Appetit machen und probieren Sie nach und nach alle Rezepte einmal aus. Sie werden sehen: Es ist ganz einfach und Sie werden viele Komplimente erhalten. Viel Spaß beim Kochen wünscht

Ihr Alfons Schuhbeck

Kleine Kochschule

Töpfe, Pfannen & Co.

Gutes Handwerkszeug erleichtert nicht nur die Küchenarbeit, sondern trägt entscheidend zum Gelingen der Gerichte bei und macht dabei noch so richtig Spaß. Zugegeben, gute Küchenutensilien sind nicht ganz billig, aber Sie brauchen sich ja nicht alles auf einmal anzuschaffen. Zwei Pfannen, zwei bis drei Töpfe – jeweils in verschiedenen Größen – und zwei bis drei gute Messer sind ein Grundstock, mit dem Sie den Küchenalltag locker bewältigen. Und das Weitere ersetzen Sie nach und nach oder lassen sich das eine oder andere auch einfach schenken.

Töpfe

Unbeschichtete Edelstahltöpfe sind pflegeleicht und haben eine lange Lebensdauer. Gutes Kochgeschirr gibt es aber auch aus anderen Materialien, wichtig ist ein dicker Topfboden, er speichert die Hitze und gibt sie gleichmäßig an das Gargut ab. Wer einen Gasherd besitzt, sollte darauf achten, dass die Griffe hoch erhitzbar und ohne Kunststoffanteil sind, damit hochzüngelnde Flammen keinen Schaden anrichten können.

Pfannen

Ganze Braten, Schnitzel, Steaks sowie Gemüse können in beschichteten Pfannen sehr gut angebraten werden. Und für zarte, empfindliche Lebensmittel wie Fisch, Eier oder Mehlspeisen sind diese Pfannen natürlich ideal, da an der Beschichtung nichts anhaftet, sich das Gargut problemlos lösen lässt und somit in Form bleibt und nicht reißt. Achten Sie auf einen dicken Pfannenboden. Je dicker der Boden ist, desto besser wird die Hitze gespeichert und desto gleichmäßiger an das Bratgut abgegeben. Erhitzen Sie Pfannen bei einer Temperatureinstellung von der Hälfte bis zwei Drittel der Skala und geben Sie erst dann das Öl und das Bratgut hinein. So schonen Sie die wertvollen Inhaltsstoffe des Öls. Zum Reinigen brauchen Sie lediglich warmes Wasser, einen weichen Schwamm oder ein Tuch und etwas Spülmittel. Keinesfalls sollten Sie der Beschichtung mit Scheuermitteln oder kratzenden Topfreinigern zu Leibe rücken.

Messer

Küchenmesser oder Kochmesser: Zum Schneiden von Gemüse – in Scheiben, Streifen oder Würfel – und zum Schneiden von Kräutern werden diese großen Messer verwendet. Die Klinge ist breiter als der Griff, deshalb ist eine Schneidetechnik möglich, bei der das Messer nicht hochgehoben werden muss,

von gegartem Fleisch oder Geflügel. Auch Fische lassen sich damit leicht filetieren.

Konditormesser: Dieses Sägemesser wird vorwiegend zum Schneiden von Kuchen und Brot verwendet, eignet sich aber auch zum Zerteilen von großen Gemüsesorten, wie etwa Sellerie.

Gemüsemesser: Zum Putzen von Gemüse ist das kleine Messer ideal, es kann aber auch zum Pellen von gekochten Kartoffeln verwendet werden.

Ausbeinmesser: Die speziell geformte schmale Klinge dieses Messers eignet sich gut zum Entbeinen, Enthäuten und Entsehnen von rohem Fleisch.

Schneideunterlagen

Am besten nimmt man Schneidebretter aus Kunststoff oder Holz. Beide Materialien schonen die Messer, sodass sie lange scharf bleiben. Schneideunterlagen aus Glas, Stein oder Edelstahl lassen Messer im Nu stumpf werden. Damit man mit großen Küchenmessern gut schneiden kann und alle Produkte beim Arbeiten auf dem Brett bleiben, sollten gute Allround-Schneidebretter etwa 30 x 50 cm groß sein. Um schnell und sicher schneiden und hacken zu können, sollten Schneidebretter gut auf der Arbeitsfläche aufliegen. Am besten legt man eine rutschfeste Kunststoffmatte oder ein feuchtes Tuch darunter.

Mixer

Zum Aufschäumen von Suppen oder Saucen ist ein stufenverstellbarer **Stabmixer** oder Zauberstab ideal. Mit ihm können Sie nahe an der Oberfläche mixen, sodass Luft in die Flüssigkeit eingearbeitet wird und ein schöner Schaum entsteht.

Für dickere Massen eignet sich eher ein **Blitzhacker**. Er hat eine höhere Umdrehungszahl als der Stabmixer, was besonders bei der Herstellung einer Farce wichtig ist: Niedrige Umdrehungen würden die Masse bei der Verarbeitung erwärmen, sodass sie ihre Bindung verlieren würde. Auch für Pesto und andere Massen mit wenig Flüssigkeitsanteil und zum Reiben von Nüssen oder Toastbrot ist ein Blitzhacker optimal.

sondern ähnlich wie bei einem Wiegemesser immer auf dem Schneidebrett läuft und so eine fließende Schneidebewegung ermöglicht.

Schinkenmesser oder Tranchiermesser: Das mittelgroße Messer mit der nicht flexiblen, schlanken Klinge eignet sich besonders gut zum Schneiden von küchenfertigem Fleisch und zum Tranchieren

Kräuter

Kräuter sowie Gewürze bringen Abwechslung in die Küche und geben den Gerichten erst den richtigen Geschmackskick. Viele frische Kräuter wie Petersilie, Schnittlauch, Basilikum oder Kerbel sind sehr empfindlich und verlieren nach dem Kleinschneiden schnell an Aroma. Deshalb sollten sie, wenn sie zerkleinert sind, sofort verwendet werden.
Schnittlauch und Basilikum vertragen keine große Hitze und sollten nicht gekocht, sondern erst zum Schluss auf das Gericht gestreut werden. Schnittlauch eignet sich auch nicht zum Einfrieren. Petersilie kann frisch verwendet oder kurz blanchiert werden. Bohnenkraut, Thymian oder Rosmarin können Sie sowohl frisch als auch getrocknet verwenden. Getrocknete Kräuter etwa 10 Minuten vor dem Servieren zu den Gerichten geben, frische Kräuter erst unmittelbar vor dem Servieren.

Aufbewahrung

Frische Kräuter halten sich am besten, wenn sie im Bund kurz unter kaltem Wasser gewaschen, trocken geschüttelt und in feuchtes Küchenpapier gewickelt werden. In einem gut schließenden Behälter oder in Folie eingeschlagen, bleiben die Kräuter im Kühlschrank einige Tage frisch.
Manche Kräuter wie Majoran, Oregano oder Bohnenkraut entfalten ihr volles Aroma erst nach dem Trocknen. Wenn sie gut verschlossen und nicht zu hell und warm gelagert werden, halten sie sich bis zu zwei Jahre.

Verwendung und Wirkung

Basilikum kommt aus dem Mittelmeerraum und ist die Grundsubstanz für das klassische Pesto, passt aber auch zu Salaten, Fisch oder Geflügel. Es hat einen pfeffrig-würzigen Geschmack. Da es ein empfindliches Kraut ist, sollte man die Blätter nicht schneiden, sondern nur zupfen. Neben ätherischen Ölen enthält Basilikum Gerbstoffe und wertvolle Flavonoide. Basilikum hilft bei Appetitlosigkeit, entschlackt und regt die Fettverdauung an.

Bohnenkraut ist Hauptbestandteil von »Kräutern der Provence«. Wie der Name schon sagt, passt es gut zu Bohnengerichten, Eintöpfen und Gemüse, zu Schmorgerichten mit Kaninchen, Geflügel, Schwein oder Lamm. Bohnenkraut kann frisch oder getrocknet verwendet werden. Getrocknet sollte es allerdings mitgekocht werden.

Dill ist das klassische Gewürzkraut für Fisch und zum Einlegen von Gurken. Er hat ein pikantes Aroma, das an Anis, Fenchel und Kümmel erinnert. Seine ätherischen Öle wirken beruhigend und fördern die Verdauung. Das Kauen von Dillsamen sorgt für frischen Atem.

Estragon hat ein intensives, herb-bitteres Aroma, das andere Gewürze leicht überdecken kann. Deshalb sollte er möglichst sparsam verwendet werden. Aufgrund seiner hohen Konzentration an ätherischen Ölen wirkt er verdauungsfördernd. Estragon kommt an Saucen, Salate, Kräuterbutter, Quark, Kalbsragout oder Fischgerichte. Estragon eignet sich nicht zum Einfrieren, da seine Würzkraft dabei deutlich nachlässt.

Kerbel hat ein feines, würzig-süßliches Aroma, das an Anis oder Fenchel erinnert. Das Kraut ist in der Klostermedizin auch als Heilpflanze bekannt, da es viele ätherische Öle, Flavonoide und Bitterstoffe enthält. Die Bitterstoffe wirken krampflösend und regen die Verdauung an. Den typischen Kerbelgeschmack macht das Glycosid Apiin aus, das keimtötend wirkt. Kerbel eignet sich nicht zum Trocknen, kann aber eingefroren werden. Die frischen Blätter verfeinern Kräutersuppen, -saucen, -quark und -butter.

Liebstöckel wird wegen seines bittersüßen Geschmacks auch Maggikraut genannt. Alle Pflanzenteile enthalten ein ätherisches Öl, das harn- und wassertreibend wirkt. Kleine, frische Liebstöckelblätter eignen sich roh für Salate, Kräuterbutter und -quark. Die größeren Blätter und Stängel werden in Eintöpfen sowie in Schmor- und Fleischgerichten mitgekocht.

Majoran und **Oregano** sind botanisch enge Verwandte. Oregano ist etwas herber, aber nicht ganz so würzig wie Majoran. Beide enthalten viele ätherische Öle sowie Gerb- und Bitterstoffe, die den Fettabbau unterstützen und beruhigend auf gereizte Magenschleimhäute wirken. Majoran ist ein idealer Begleiter für Gänse- oder Schweinebraten und Lammgerichte. Oregano ist getrocknet würziger als Majoran und wird über Pizzen und Tomatensaucen gestreut.

Minze zeichnet sich durch ihr kühlend frisches Aroma aus, das durch das ätherische Öl Menthol hervorgerufen wird. Von den über 20 Minzearten ist hierzulande hauptsächlich die Pfefferminze bekannt, die bei Erkältungskrankheiten hilft. Minze wird weniger zum Kochen als vielmehr zum Aromatisieren von Süßspeisen und Salaten verwendet.

Petersilie ist zum Allroundkraut in der Küche geworden. Ihr Schattendasein als grünes Garnierkraut hat sie längst überwunden. Und das zu Recht: Denn sie enthält viel Vitamin C und hilft der Leber mit dem Spurenelement Mangan bei der Entgiftungsarbeit.

Rosmarin hat einen leicht bitteren, harzigen Geschmack und einen würzigen Duft, der an Nadelholz erinnert. Die enthaltenen Harze, Gerbstoffe und Bitterstoffe regen den Kreislauf an. Die Zweige könnnen im Ganzen oder die Nadeln klein gehackt mitgegart werden. Rosmarin schmeckt zu Bratkartoffeln, Grillmarinaden, Gemüse-, Kalbs-, Geflügel- und Lammgerichten.

Salbei ist eines der ältesten Heil- und Würzkräuter. Er hat ein strenges, kräftiges, etwas bitteres Aroma. Wegen seiner entzündungshemmenden Wirkung im Rachenraum wird er gern als Erkältungstee getrunken. Als Kraut ist Salbei vielseitig einsetzbar. Er verfeinert Suppen, Eintöpfe, Bratensaucen, Gemüse-, Geflügel-, Fisch- und Lammgerichte. Getrockneter Salbei sollte nur sparsam verwendet werden. Das Aroma entfaltet sich am besten, wenn frische Salbeiblätter in Butter angebraten werden.

Schnittlauch ist eng mit Knoblauch, Zwiebel und Lauch verwandt, schmeckt aber milder. Er enthält viel Vitamin C und regt mit seiner leichten Schärfe Appetit und Verdauung an. Schnittlauch wird nicht mitgekocht, sondern kurz vor dem Servieren auf Suppen, Salate und Butterbrote gestreut oder unter Quark, Kartoffeln und Saucen gemischt.

Thymian duftet würzig. Duch sein ätherisches Öl Thymol wirkt er desinfizierend und schleimlösend und hilft daher bei allen Entzündungen der Atemwege. Weil er die Fettverdauung unterstützt, passt Thymian zu schweren Gerichten wie Braten, Eintöpfen, Bratkartoffeln, Suppen und Gemüse. Getrockneter Thymian hat eine stärkere Würzkraft als frischer und entfaltet sein volles Aroma erst beim Kochen.

Gewürze

Das A und O in der Küche ist neben der Verwendung von Kräutern natürlich der gezielte Einsatz von Gewürzen. Dabei geht es nicht nur darum, den Geschmack einer Speise hervorzuheben oder zu verfeinern, sondern auch darum, die Gerichte durch die richtige Verwendung gesünder zu machen. Gewürze geben Kreationen nicht nur den letzten Geschmacksschliff, sondern sorgen auch für gesunden Genuss.

Aufbewahrung und Behandlung

Getrocknete Gewürze halten sich luftdicht verpackt, lichtgeschützt und trocken gelagert etwa zwei Jahre, unzerkleinert noch länger. Mit einer Gewürzmühle, die ähnlich wie eine Pfeffermühle funktioniert, können Sie Ihre Gewürze nicht nur selbst mahlen, sondern auch darin aufbewahren. Aus Pfeffer, Piment, Wacholder, Zimt, Chili, Koriander und Lorbeer lässt sich eine ganz individuelle Gewürzmischung herstellen. Gemahlene Gewürze kommen erst in den letzten Minuten an das fertige Gericht, sie entfalten ihr Aroma sehr schnell. Ganze Gewürze lasse ich nur einige Minuten in Saucen oder Suppen ziehen. Geben Sie viele ganze Gewürze in ein Gewürzsäckchen oder in einen Einwegteebeutel, der mit einer Klammer verschlossen wird. So lassen sie sich ganz leicht wieder entfernen.

Verwendung und Wirkung

Chilis wurden von Kolumbus aus Südamerika nach Europa gebracht. Wegen ihrer Schärfe erhielten sie in Spanien den Namen Pimiento (Pfeffer), in Italien werden sie Peperoni genannt, obwohl sie botanisch nichts mit der Pfefferpflanze zu tun haben, sondern zur Paprikafamilie gehören. Chilischoten gibt es in unterschiedlichen Formen, Farben und Schärfegraden. Getrocknete, gemahlene Chilis der Sorte Cayenne heißen Cayennepfeffer. Der wichtigste Inhaltsstoff ist das Capsaicin, das für die Schärfe sorgt und in den Kernen und Scheidewänden steckt. Capsaicin stimuliert die Verdauung und Durchblutung. Chilipulver passt zu allem, was scharf sein soll: Chili con Carne, Eintöpfe, Fleisch, Gemüse, Saucen.

Currypulver ist eine indische Gewürzmischung, die bis zu 20 verschiedene Gewürze enthalten kann. Auf keinen Fall fehlen dürfen Kurkuma, Ingwer, Kardamom, Pfeffer, Koriander, Kreuzkümmel, Paprika, Nelken, Zimt, Muskat und Piment. Die Mischung macht's, ob das Curry mild, leicht süßlich oder würzig-scharf schmeckt. Curry ist appetit- und verdauungsfördernd. Curry würzt vor allem Reis-, Fleisch- und Fischgerichte und harmoniert gut mit Kokoscreme, Sahne oder Crème fraîche.

Fenchel wird nicht nur als Kraut oder Gemüse, sondern in Form von Samen auch als Gewürz genutzt. Sie haben ein warmes, süß-aromatisches Anisaroma und harmonieren gut mit Fisch. Die Samen würzen außerdem Kohl, Kartoffeln, eingelegte Früchte, Gurken sowie Brot. Fenchel lindert Magenbeschwerden und fördert die Verdauung.

Ingwer hat einen festen Platz in der asiatischen Küche. Die Knollen duften nach Holz, schmecken aber scharf und fruchtig. In Scheiben geschnitten oder gerieben, öffnet Ingwer die Geschmacksknospen und passt deshalb zu herzhaften wie süßen Speisen. Ingwer aktiviert die Verdauung und belebt die Durchblutung. Zusammen mit Knoblauch ist Ingwer unschlagbar, da er den unangenehmen Geruch des Knoblauchs neutralisiert. Ingwerpulver ist kein Ersatz für frischen Ingwer.

Kardamom hat ein kräftiges, würzig-bitteres Aroma, das an Zitronen und Eukalyptus erinnert. Bereits in der Antike wurde er deshalb als Mittel gegen schlechten Atem geschätzt. Grüner Kardamom ist dem schwarzen in der Küche vorzuziehen, da er ein feineres Aroma hat. Gewürzt wird mit den ganzen Kapseln, die mitgegart werden, oder mit den gemahlenen Samen. Kardamom aromatisiert Reisgerichte und würzt Gebäck und Desserts.

Knoblauch ist eine der ältesten Kulturpflanzen und als Heilpflanze anerkannt. Er ist reich an Vitamin A, B und C sowie an antibakteriell wirkenden Stoffen und wird wegen seiner positiven Wirkung auf Blutgefäße gepriesen. Sein Aroma ist scharf-beißend und

der Geruch unverkennbar. Knoblauch wird als ganze Zehe im Gericht mitgegart oder sollte in Scheiben geschnitten kurz mitziehen. Knoblauch darf nicht anbrennen, denn sonst schmeckt er bitter.

Koriander kommt in der Küche sowohl als Kraut wie auch als Gewürz in Form von Körnern zum Einsatz. Das süßliche Aroma der Körner erinnert an Orangen- und Zitronenschalen. Werden die Körner vor dem Mahlen kurz in einer Pfanne angeröstet, verliert sich ihr Aroma nicht so schnell.

Kümmel hat einen scharfen Geschmack, der an Anis erinnert. Sparsam verwendet, verstärkt er den Eigengeschmack der Speisen. Er macht alle schweren Gerichte leichter verdaulich und harmoniert mit Knoblauch und Zwiebeln.

Lorbeer galt im Altertum als Symbol für Ruhm und Weisheit. Die Blätter mit dem herben Aroma werden hauptsächlich zu Wild, Sauerbraten, Suppen, Saucen, Kohl- und Gemüsegerichten gegeben. Da sich das Aroma langsam entfaltet, werden die Blätter mitgegart, aber vor dem Servieren entfernt.

Muskatnuss ist trotz ihres Namens keine Nuss, sondern der würzig schmeckende Samenkern des Muskatbaums. In kleinen Mengen gerieben, wirkt Muskatnuss anregend und beruhigt Magen und Darm.

Pfeffer ist neben Salz das Universalgewürz schlechthin. Schwarze Pfefferkörner sind schärfer als weiße. Da sich das Aroma schnell verflüchtigt, mahlt man Pfeffer am besten frisch. Zerstoßene Pfefferkörner sind gut für Marinaden und Beizen. Pfeffer wirkt positiv auf den Stoffwechsel und die Verdauung.

Piment wird auch Nelkenpfeffer genannt und hat einen leicht pfeffrigen Geschmack. Piment passt zu würzigen Marinaden, Saucen, Suppen und Fischgerichten. Wie Pfeffer am besten frisch mahlen.

Vanille duftet angenehm blumig und schmeckt süßlich. Das Mark der Schoten entfaltet sein Aroma am besten mit Zucker und findet deshalb meist in Süßspeisen oder Gebäck Verwendung.

Wacholderbeeren haben einen würzig-bittersüßen Geschmack. Sie sind die klassische Beigabe zu Wild- und Fleischgerichten sowie zu Marinaden, Sauerkraut und Rotkohl.

Zimt ist ein Gewürz aus der Rinde des Zimtbaums. Dabei gilt es, zwischen dem Kassia-Zimt und dem Ceylon-Zimt zu unterscheiden. Wegen des in die Schlagzeilen geratenen Inhaltsstoffs Cumarin sollte man Ceylon-Zimt verwenden. Zimt hat ein süß-holziges Aroma und ist als Pulver oder in Stangenform erhältlich. Er verfeinert Süßspeisen und Gebäck, passt aber auch zu Fleischtöpfen, gekochtem Fisch und Currys.

Zitrusschalen sorgen für eine frische Note der Speisen. Die Schalen sollten aber immer von unbehandelten Früchten stammen, da behandelte mit einer Wachsschicht überzogen sind.

ÖLE & BUTTER

Öle und Butter sind nicht nur unentbehrlich zum Braten und Dünsten, sie liefern auch den guten Geschmack und viele wertvolle Inhaltsstoffe. Ein wichtiges Kriterium beim Kauf von Ölen ist deshalb neben dem Aroma die Qualität.

Öle

Zum Anbraten von Fisch oder Fleisch ist einfaches Pflanzenöl, das höher erhitzbar ist, ausreichend. Alle raffinierten Ölsorten, wie Rapsöl, Olivenöl, Maiskeimöl usw., eignen sich dafür. Nach starkem Anbraten ist es allerdings überhitzt und daher verbraucht und soll entfernt werden. Verbleibendes Fett tupft man mit Küchenpapier vom Bratgut ab.

Hochwertige kaltgepresste Öle, wie natives Olivenöl, Rapsöl, Sonnenblumenöl oder Kürbiskernöl, behalten ihre wertvollen Inhaltsstoffe nur, wenn sie nicht erhitzt werden. Man verwendet sie deshalb vor allem für kalte Gerichte, etwa für Salate und Marinaden. Warme Gerichte werden erst nach der Zubereitung damit beträufelt.

Ölen können Sie ganz leicht eine individuelle Note geben – Ihrer Fantasie sind dabei keine Grenzen gesetzt: Rosmarin- und Thymianzweige, Chilischoten, Knoblauch- und Ingwerscheiben, Zitronenschalenstreifen, Kardamom, Vanille … Geben Sie die Aromen mit einem milden, kaltgepressten Öl in einen Topf oder in eine Pfanne und erwärmen es einige Minuten nur ganz leicht. Durch die sanfte Wärme gehen die Aromen der Kräuter oder Gewürze schneller in das Öl über, das Öl behält dabei aber noch seine hochwertige Qualität. Für Zitrusöle wie zum Beispiel Limettenöl reiben Sie etwas Limettenschale ganz fein in kaltes Olivenöl, für Zitronen-Orangen-Öl ein wenig Zitronen- und Orangenschale – das Aroma entfaltet sich sofort.

Das wertvolle, intensive und leider auch sehr teure Arganöl, das aus den Früchten des Eisenholzbaums gewonnen wird, trägt man erst beim Anrichten gleichmäßig mit einem Pinsel auf, etwa auf ein gebratenes Rinderfiletsteak. Kürbiskernöl und Nussöl haben beide einen sehr intensiven Geschmack, deshalb verwendet man sie am liebsten in Kombination mit anderen milderen Ölen, allein wären sie zu dominant. Das sehr intensive Trüffelöl eignet sich tropfenweise zum Parfümieren von Gerichten, etwa von Nudelgerichten und hellen Saucen. Kaltgepresste Öle halten sich acht bis zwölf Monate bei kühler Raumtemperatur. Im Kühlschrank können Sie sie wesentlich länger aufbewahren, sie kristallisieren zwar durch die Kälte, schmelzen aber in kurzer Zeit, sobald sie wieder Zimmertemperatur erreicht haben. Trüffelöl hält sich am besten, wenn es in der Flasche eingefroren wird. Bei Bedarf einfach etwas warmes Wasser darüberlaufen lassen, die gewünschte Menge entnehmen und das Öl gut verschlossen wieder einfrieren.

Butter und Butterschmalz

Butter ist nicht so hoch erhitzbar wie Öl, sie kann aber zum Anbraten von Pfannkuchen, Kaiserschmarren, anderen Mehlspeisen und auch zum sanften Andünsten von Gemüse verwendet werden. Ihr Geschmack kommt am besten zur Geltung, wenn man sie erst zum Schluss dazugibt und sie beispielsweise zum Verfeinern mit dem Stabmixer in Suppen oder Saucen mixt. Neben Aroma bringt die Butter auf diese Weise auch noch eine leichte Bindung. Zum Untermixen sollte sie kalt, auf keinen Fall flüssig sein, nur so kann sie emulgieren.

Butter können Sie ebenfalls aromatisieren: Schmelzen Sie sie dafür bei milder Hitze in einem Topf oder einer Pfanne und geben Gewürze Ihrer Wahl, wie Knoblauch- oder Ingwerscheiben, Vanilleschoten oder Zitronenschalenstreifen, hinein, lassen sie etwas ziehen und würzen sie mit Salz und Pfeffer. Wenden Sie in dieser Butter kurz gebratenes Fleisch oder gegarte Geflügelbrust.

Braune Butter wird wegen ihres nussigen Geschmacks auch als Nussbutter bezeichnet. Sie entsteht, wenn Butter in einem kleinen Topf bei milder Hitze so lange erhitzt wird, bis sie nach fünf bis zehn Minuten goldbraun ist (siehe Seite 96). Gekühlt erhält braune Butter wieder eine feste Konsistenz, ähnlich wie Butterschmalz. Bei Bedarf wird ein Stück

davon abgestochen und entweder in einem Topf erwärmt oder in ein heißes Gericht gerührt. Braune Butter können Sie zum Abschmecken von Gemüse und Mehlspeisen verwenden, sie kann über Spargel geträufelt werden, passt zu Teigwaren wie Gnocchi und Ravioli und schmeckt besonders fein, wenn sie mit ein paar Knoblauchscheiben und einem Stück Vanilleschote aromatisiert ist, zu gebratenem Fisch. Braune Butter kann man im Kühlschrank aufbewahren – sie hält sich acht Wochen.

Butterschmalz ist ein reines Butterfett, für das Butter bei milder Hitze geschmolzen wird. Der sich oben absetzende weiße Eiweißschaum wird abgeschöpft und der verbleibende Butteranteil so lange gekocht, bis das enthaltene Wasser vollständig verdampft ist. Butterschmalz hält sich gut verschlossen mehrere Monate im Kühlschrank, ist wesentlich höher erhitzbar als Butter und kann zum Anbraten, etwa von Wiener Schnitzeln oder anderen panierten Lebensmitteln, verwendet werden.

GRUNDTECHNIKEN

Garnelen oder Scampi vorbereiten

Riesengarnelen und Scampi (dt. Kaisergranat) werden im Sprachgebrauch häufig miteinander verwechselt, obwohl sie doch recht unterschiedlich aussehen. Im Handel leichter erhältlich sind die Garnelen, von denen es eine Vielzahl von Arten gibt. Wenn Sie ungeschälte Krustentiere kaufen, sollten Sie sie, wie unten gezeigt, vorbereiten. Beim Schmetterlingsschnitt wird das Fleisch von der Kopfseite her bis zur Hälfte durchgeschnitten und dann der Darm entfernt. Übrigens: Garnelen werden erst beim Garen rosa, ungegart sind sie grau!

Die Garnelen schälen: Mit einer Drehbewegung den Kopf vom Schwanz trennen. Den Panzer mit den Fingern zusammendrücken.

Die Unterseite des Panzers auseinanderbrechen. Die Schalen ablösen. Das hintere Schwanzstück nach Belieben nicht von den Schalen lösen.

Mit einem spitzen Messer das Fleisch am Rücken so tief einschneiden, bis der schwarze Darm sichtbar ist. Den Darm mit der Messerspitze auslösen.

Fisch filetieren und entgräten

Damit sich Fisch im Ganzen oder als Filet besser braten lässt, sollte man ihn am besten einen Tag zugedeckt im Kühlschrank ruhen lassen, damit sich das Fleisch entspannen kann. Die Gräten können dann außerdem leichter entfernt werden. Unabhängig von der Garmethode sollte man ganzen Fisch, Fischfilets und Meeresfrüchte bei möglichst milder Hitze und niemals zu lange garen, damit sie saftig bleiben. Erst nach dem Garen wird gewürzt. Nach Belieben können Sie auch etwas hochwertiges Öl darüberträufeln.

Fisch hinter den Kiemen bis zur Mitte einschneiden. Mit dem Filetiermesser unter dem Filet an der Mittelgräte entlangschneiden und das Filet dabei ablösen.

Das Filet mit der Fleischseite nach oben auf ein Brett legen und die Bauchgräten mit dem Messer abschneiden.

Die Stehgräten (kleinere Gräten) mit einer Pinzette aus den Fischfilets herausziehen.

Rinderfilet aufschneiden

Nicht nur das sanfte Garen ist wichtig für den guten Geschmack eines im Ganzen gebratenen oder gegarten Stück Fleischs. Auch die richtige Technik beim Aufschneiden kann dafür verantwortlich sein, wenn der Braten nicht zart, sondern zäh ist. Die Grundregel lautet: Immer gegen die Faser schneiden! Ob beim Kalbstafelspitz, der zuerst angebraten wurde und dann 2 Std. in Gewürzwasser sanft gesimmert hat, oder beim Rinderfilet, das nach dem Anbraten in der Pfanne noch etwa 2 Std. im Backofen bei 100 °C gart.

Das Rinderfilet aus dem Ofen nehmen und auf ein Brett legen. Rindfleisch sollte 2 bis 3 Wochen abgehangen sein.

Falsche Technik: Das Rinderfilet auf einem Brett mit einem scharfen Messer **entlang** der Faser in Scheiben schneiden.

Richtige Technik: Das Fleisch mit einem scharfen Messer **gegen** die Faser in Scheiben schneiden.

Gurken einlegen

Nehmen Sie für 2 Gläser à etwa ½ l Inhalt 700 bis 750 g kleine Einlegegurken. Gut waschen und trocken reiben. Mit 2 EL Salz und 1 l Wasser in eine Schüssel geben. Zugedeckt 24 Stunden ziehen lassen, dann 10 Min. in frisches kaltes Wasser legen und abtropfen lassen. Die Gurken mit 4 Dillstielen in die sterilisierten Gläser füllen. Wer es schärfer mag, gibt noch 2 getrocknete Chilischoten hinein. Für eine längere Lagerung der Gurken die befüllten Gläser ¾-hoch in heißes Wasser stellen, bei 85 °C etwa 10 Min. ziehen lassen.

Für den Sud 225 ml Wein- oder Apfelessig mit 350 ml Wasser und 1 EL Zucker in einem Topf aufkochen. Verrühren, bis sich der Zucker aufgelöst hat.

1 TL schwarze Pfefferkörner, 1 EL gelbe Senfkörner, ½ TL Wacholderbeeren, 2 Gewürznelken, 2 Lorbeerblätter, 2 Scheiben Ingwer, 2 Zimtsplitter dazugeben.

5 Min. ziehen lassen. Den Sud noch heiß auf die Gurken gießen, sodass sie bedeckt sind. Die Gläser gut verschließen. Die Gurken 14 Tage ziehen lassen.

Frühstück, Vorspeisen & Salate

POWER-MÜSLI

ZUTATEN (4 PERSONEN)

250 g kernige Haferflocken
1 EL Sonnenblumenkerne
1 EL Leinsamen · je 40 g Cashewkerne, Hasel- und Walnüsse
2 EL Pistazienkerne
40 g geschälte Mandeln
100 g Butter · 1 TL Honig
80 g brauner Zucker
200 g Topfen (abgetropfter Quark)
50 ml Milch
frisch gepresster Saft von 1 Orange
800 g–1 kg gemischtes Obst
(z. B. Banane, Melone, Mango, Kiwi, Rote oder Schwarze Johannis- und Himbeeren, Erdbeeren, Ananas, Papaya, Heidelbeeren)
je 1–2 EL Rosinen und getrocknete Cranberrys · je 1 EL Kardamomsamen und Zimtsplitter, je 1 zerstoßene Gewürznelke und zerkleinerte getrocknete Vanilleschote und 1 TL schwarze Pfefferkörner für die Gewürzmühle
frisch geriebene Muskatnuss

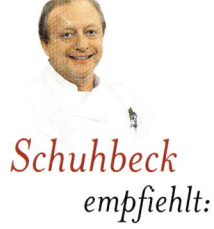

Schuhbeck empfiehlt:

» Dieses Müsli ist ein wahrer Fitmacher: Die darin enthaltenen Nüsse strotzen nur so vor Kalium und Vitaminen der B-Gruppe und wirken somit positiv auf Nervensystem und Gehirn. Bananen haben durch ihre Mineralstoffkombination eine beruhigende Wirkung auf die Nerven und sind deswegen ideal für Gestresste. Das Enzym Papain in Papaya bringt zusätzlich die Eiweißverdauung auf Trab. «

1 Ofen auf 180 °C vorheizen. Haferflocken, Sonnenblumenkerne, Leinsamen, Nüsse und Mandeln in einer Schüssel mischen.

2 Die Butter in einem Topf zerlassen, Honig unterrühren. Flüssige Butter und braunen Zucker zur Müslimischung geben.

3 Alles gut verrühren und auf einem mit Backpapier ausgelegten Backblech verteilen.

4 Die Knuspermischung im Ofen auf der mittleren Schiene 10 bis 12 Min. knusprig backen, dabei gelegentlich umrühren.

5 Den Topfen und die Milch in einer Schüssel mit dem Schneebesen verrühren, den Saft unterrühren. Das Obst putzen, waschen, falls nötig, schälen und entkernen. Das Fruchtfleisch klein schneiden und unter die Topfencreme heben.

6 Die Knuspermischung aus dem Ofen nehmen und etwas abkühlen lassen. Das Früchtemüsli mit Rosinen und Cranberrys bestreuen. Mit den Gewürzen aus der Mühle und Muskatnuss würzen. Die Knuspermischung darüberstreuen.

> ## Zum Knabbern
>
> Besonders aromatisch wird die Knuspermischung, wenn schon vor dem Backen etwas Zimtpulver oder Lebkuchengewürz untergemischt wird. Wenn Sie die Haferflocken durch Nüsse ersetzen, ist die Knusper-Nuss-Mischung ein idealer Knabberspaß für zwischendurch. Die Mischung hält sich verschlossen und trocken gelagert bis zu 10 Tage.

Blanchieren & Pochieren

Zutaten

Zum Blanchieren:
ca. 150 g grüne Bohnen
Salz

Zum Pochieren:
1 Ei
Weißweinessig

Schuhbeck empfiehlt:

» Das Wasser fürs Blanchieren und Pochieren darf keinesfalls kochen, nur sieden. Das bedeutet etwa eine Temperatur von 75 bis 95 °C. Blanchieren ist eine vorbereitende Garart, die sich für jedes Gemüse eignet. Bohnen allerdings muss man blanchieren, um sie verdaulich zu machen. Kohlblätter werden durchs Blanchieren butterweich und lassen sich so wunderbar zu Rouladen verarbeiten.
Pochieren eignet sich zum Garen von Fisch, Fleisch und Gemüse. «

Blanchieren

1. Die grünen Bohnen putzen und waschen. In einem großen Topf reichlich Salzwasser zum Sieden bringen.

2. Die Bohnen im siedenden Salzwasser 2 Min. (oder bis zur gewünschten Bissfestigkeit) blanchieren.

3. Bohnen mit dem Schaumlöffel herausheben, in Eiswasser oder kaltem Wasser abschrecken – das stoppt den Garvorgang.

Pochieren

1. Das Ei vorsichtig in ein Schälchen aufschlagen, das Eigelb dabei nicht zerstören. 2 EL Essig dazugeben, nicht verrühren.

2. In einen Topf mit siedendem Wasser 1 Schuss Essig geben. Mit einem Löffel das Wasser kreisförmig in eine Richtung rühren, bis es sich dreht.

3. Ei aus dem Schälchen vorsichtig in das sich drehende Wasser gleiten lassen – das Eiweiß »wickelt« sich dabei um das Eigelb. 4 Min. pochieren und mit dem Schaumlöffel herausheben.

> ### Dünsten
>
> Eine weitere schonende Garart ist das Dünsten: Dafür Gemüse, z. B. Kohlrabi, putzen, schälen und klein schneiden. In einem Topf in Öl bei milder Hitze 2 Min. andünsten, etwas Brühe angießen, Deckel aufsetzen und Kohlrabi darin 10 bis 15 Min. bissfest dünsten. Die Flüssigkeit sollte nur sieden, nicht kochen. Zuletzt etwas Butter und frisch geschnittene Petersilie dazugeben, salzen und pfeffern.

Spiegelei & Rührei

Zutaten (1 Person)

Für das Spiegelei:
1 TL Butter
1 Ei
Salz · Pfeffer aus der Mühle

Für das Rührei:
1 TL Butter
2 Eier
Salz · Pfeffer aus der Mühle

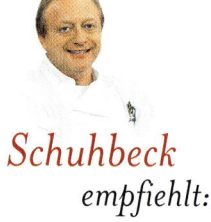

Schuhbeck empfiehlt:

» Das Gelbe vom Ei ist die richtige Temperatur. Die Hitze beim Eibraten darf wirklich nur ganz schwach sein, sonst verbrennt das Eiweiß und beim Spiegelei bleibt der Dotter kalt. Für ein perfektes wachsweiches Rührei die Eier vorher nicht verquirlen oder schaumig schlagen und nicht zu lange garen – das gäbe ein Omelett. Beim Spiegelei kann man bereits die zerlassene Butter salzen, dann bekommt das Eigelb keine unschönen Pünktchen. «

Spiegelei

1. Die Butter in einer beschichteten Pfanne bei milder Hitze zerlassen.

2. Das Ei aufschlagen und vorsichtig in die Pfanne gleiten lassen, das Eigelb dabei nicht zerstören.

3. Das Ei ganz langsam stocken lassen, die Unterseite soll nicht bräunen. Zum Schluss das Eiweiß (nicht das Eigelb) salzen und pfeffern.

Rührei

1. Die Butter in einer beschichteten Pfanne bei milder Hitze zerlassen. Die Eier darin aufschlagen.

2. Die Eier mit einem Teigschaber in der Pfanne verrühren.

3. Wenn das Eiweiß fast gestockt ist, die Pfanne vom Herd nehmen und die Eier nochmals verrühren. Salzen und pfeffern.

> ## Rührei-Variationen

Sie können das Rührei natürlich auch in Öl, beispielsweise in Olivenöl, braten. Wer mag, dünstet zuerst Zwiebel- oder Paprikawürfel oder Champignons an und gibt dann die Eier dazu. Oder Sie streuen über das verrührte Ei Schnittlauchröllchen, Basilikum- oder Rucolastreifen.

Omelett mit dreierlei Füllungen

Zutaten (1 Person)

Für das Omelett:
3 Eier · braune Butter (siehe S. 96)
oder Öl · frisch geriebene Muskatnuss

Für Spargelfüllung:
50 ml Gemüsebrühe · 1 TL scharfer
Senf · Salz · Chilipulver
½ TL abgeriebene unbehandelte
Zitronen- und Orangenschale
1 Spritzer Zitronensaft
1–2 EL Olivenöl
je 2–3 Stangen grüner und weißer
Spargel (blanchiert und in Scheiben)
4 Datteltomaten (gewaschen und
halbiert) · einige Kerbelblätter

Für Krabbenfüllung:
200 g Krabben (in Salzlake)
¼ Bund Dill · etwas Limettensaft
etwas abgeriebene unbehandelte
Limettenschale · 2 EL Olivenöl
Chilipulver

Für Pilzfüllung:
150 g kleine Pfifferlinge
1 Schalotte · gemischte Kräuterblätter
1 EL braune Butter (siehe S. 96)
gemahlener Kümmel
½ TL abgeriebene unbehandelte
Zitronenschale · Chilisalz
1–2 TL Butter · Limettensaft

Omelett

1 Die Eier in einer Schüssel mit dem Schneebesen verquirlen. Eine beschichtete Pfanne erhitzen.

2 Die heiße Pfanne mit brauner Butter einpinseln. Die Eier hineingießen und darin bei milder Hitze stocken lassen.

3 Das Omelett mit Muskatnuss würzen, zusammenklappen und auf einen Teller gleiten lassen. Nach Belieben salzen.

Dreierlei Füllungen

Für eine **Spargelfüllung** Brühe, Senf, je 1 Prise Salz und Chili, Zitrusschalen und -saft in einem hohen Rührbecher mit dem Stabmixer pürieren, dabei das Öl einlaufen lassen. Spargel, Tomaten und Kerbel mit dem Dressing mischen.

Für eine **Krabbenfüllung** die Krabben etwas abtropfen lassen. Den Dill waschen, trocken schütteln und grob schneiden. Beides in eine Schüssel geben und mit Limettensaft, -schale und Öl verrühren. Die Füllung mit 1 Prise Chilipulver würzen.

Für eine **Pilzfüllung** die Pfifferlinge putzen und trocken abreiben. Schalotte schälen und klein schneiden. Kräuter waschen, trocken schütteln und grob schneiden. Pilze in einer Pfanne in der braunen Butter andünsten, die Schalotte hinzufügen und mitdünsten. Mit 1 Prise Kümmel, Zitronenschale und Chilisalz würzen. Kräuter hinzufügen. Butter dazugeben und alles mit Limettensaft beträufeln.

Brotaufstriche

Zutaten (4 Personen)

Für Kartoffelkäs:

400 g vorwiegend festkochende Kartoffeln
Salz · 1 TL Kümmelsamen
1 Zwiebel · 2 EL Butter
200 g saure Sahne
4 EL warme braune Butter
(siehe S. 96)
je 1 Prise Cayennepfeffer und
getrockneter Majoran
frisch geriebene Muskatnuss
Korianderkörner, Kümmelsamen
und schwarze Pfefferkörner für die
Gewürzmühle

Für Frischkäse:

250 g Frischkäse oder Ziegenfrischkäse
je 2 EL Sahne und braune Butter
(siehe S. 96)
Salz · Pfeffer aus der Mühle
Cayennepfeffer
Kräuter oder getrocknete Tomaten
und Basilikumblätter

Für süßen Frischkäse:

100 g gemischte Früchte (Ananas,
Johannisbeeren, Erdbeeren usw.)
250 g Frischkäse · 2 EL Milch
1–2 EL Puderzucker
einige Spritzer Zitronensaft
1 TL Minzeblätter

Kartoffelkäs

1. Kartoffeln waschen. In Salzwasser mit Kümmel weich kochen. Abgießen, pellen und durch die Kartoffelpresse drücken.

2. Die Zwiebel schälen, in kleine Würfel schneiden und in einer Pfanne in der Butter bei milder Hitze gleichmäßig hell bräunen. Mit den Kartoffeln vermischen.

3. Saure Sahne und braune Butter unterrühren. Kartoffelkäs mit den Gewürzen abschmecken. Nach Belieben mit 2 EL Schnittlauchröllchen bestreuen.

Frischkäse

1. Den Frischkäse mit Sahne und brauner Butter verrühren. Mit Salz, Pfeffer und 1 Prise Cayennepfeffer würzen.

2. Nach Belieben Kräuter oder getrocknete Tomaten und Basilikum fein schneiden und unter den Frischkäse mischen.

3. Den Frischkäse nach Belieben auf dunkles Brot, Vollkornbrot oder Weißbrot streichen und mit Kräutern bestreuen.

Süßer Frischkäse

1. Die Früchte waschen, putzen, eventuell schälen und in sehr kleine Würfel schneiden.

2. Den Frischkäse mit Milch, Puderzucker und Zitronensaft glatt rühren. Die Früchte vorsichtig unterrühren.

3. Minze in Streifen schneiden. Frischkäse auf Baguette streichen und mit Minze bestreuen.

Obatzda mit Birne

Zutaten (4 Personen)

½ reife, feste große Birne
3–5 Frühlingszwiebeln
5 Radieschen
250 g reifer Camembert
(Zimmertemperatur)
250 g Frischkäse
Chilisalz (aus dem Gewürzladen)
Kümmelsamen, Koriander- und
Pimentkörner für die Gewürzmühle
3–4 EL Sahne
2 cl Williamsgeist
3 EL braune Butter (siehe S. 96)
1 Glas Weißbier (mit Schaum)

Schuhbeck empfiehlt:

» Ein knuspriges Extra zum Obatzden sind Croûtons. Dafür 2 Scheiben Toast entrinden und die Scheiben mit einem scharfen Messer waagerecht durchschneiden. Die Brotscheiben in ½ cm dünne Streifen und dann in möglichst kleine Würfel schneiden. In einer Pfanne in 3 EL Butter und 2 EL Öl knusprig braten. Auf Küchenpapier abtropfen lassen. Den Camembert können Sie auch durch Bergkäse ersetzen. «

Die Birne schälen, das Kerngehäuse entfernen und das Fruchtfleisch in 1/2 cm große Würfel schneiden.

Die Frühlingszwiebeln putzen, waschen und das Hellgrüne in dünne Ringe schneiden.

Die Radieschen putzen, waschen und in kleine Würfel schneiden. Den Camembert ebenfalls in Würfel schneiden.

Den Frischkäse in einer Schüssel mit Birne, Frühlingszwiebeln, Radieschen und Käse mit dem Teigschaber verrühren.

Obatzden mit Chilisalz und der Mischung aus der Mühle kräftig würzen. Sahne hinzufügen und unterrühren. Den Schnaps untermischen.

Den Obatzden mit brauner Butter abschmecken. Zuletzt vom Weißbier 2 bis 3 EL Schaum abnehmen und unter den Obatzden rühren.

> Klassischer Obatzda

Für einen klassischen Obatzden 2 Frühlingszwiebeln putzen, waschen, das Grün abschneiden und beiseitelegen. Den Rest klein schneiden. 150 g weiche Butter in einer Schüssel schaumig rühren und mit 150 g Quark, 150 g geriebenem Bergkäse und den Frühlingszwiebeln verrühren. Anschließend 70 g geschlagene Sahne unterheben. Den Obatzden mit Salz, Pfeffer, 1/2 TL Paprikapulver (edelsüß) und je 1 kräftigen Prise gemahlenem Kümmel und Cayennepfeffer würzen. Mit Brezeln oder dunklem Bauernbrot servieren.

Bruschetta

Zutaten für je 8 Baguettescheiben

Mit Tomaten:
3–4 Tomaten
1–2 Frühlingszwiebeln
30 g schwarze oder grüne
Oliven (entsteint) · 2 TL Olivenöl
Salz · Pfeffer aus der Mühle

Mit Pilzen:
250 g Champignons, Egerlinge
oder Steinpilze
1 Schalotte · ½–1 TL Öl
1 TL Petersilie (frisch geschnitten)
Salz · Pfeffer aus der Mühle
1–2 TL Butter

Mit Avocado:
1 Avocado · ½–1 EL Zitronensaft
1 Schalotte
1 Msp. gehackter Knoblauch
1 EL mildes Olivenöl
Salz · Pfeffer aus der Mühle

Schuhbeck empfiehlt:

» Bruschetta eignet sich wunderbar als kleine Vorspeise, am besten schmeckt der italienische Klassiker mit frischem Baguette. Alle Beläge können mehrere Stunden im Voraus zubereitet und zugedeckt kühl gestellt werden. Sie werden erst kurz vor dem Servieren frisch auf die Brotscheiben verteilt. «

Mit Tomaten

Die Tomaten kreuzweise einritzen, überbrühen, kalt abschrecken, häuten, vierteln, entkernen und in Würfel schneiden.

Die Frühlingszwiebeln putzen, waschen und in feine Ringe schneiden. Die Oliven ebenfalls klein schneiden.

Tomaten, Frühlingszwiebeln und Oliven vermischen, das Olivenöl hinzufügen und mit Salz und Pfeffer würzen.

Mit Pilzen

Die Pilze mit einem Pinsel abbürsten oder mit Küchenpapier trocken abreiben (nicht waschen) und klein schneiden.

Die Schalotte schälen und in Würfel schneiden. In einer Pfanne das Öl erhitzen, die Schalottenwürfel darin andünsten.

Pilze kurz mitbraten und mit Petersilie, Salz und Peffer würzen. Butter und nach Belieben 1 Prise Kümmelpulver und abgeriebene Zitronenschale hinzufügen.

Mit Avocado

Avocado halbieren, Stein entfernen, schälen und das Fruchtfleisch in 1 cm große Würfel schneiden.

Avocado in einer Schüssel mit Zitronensaft beträufeln. Schalotte schälen, in Würfel schneiden und zur Avocado geben.

Mit Knoblauch und Olivenöl mischen. Den Belag mit Salz und Pfeffer würzen. Nach Belieben mit Zitronensaft abschmecken.

Saiblings-Toast & Club-Sandwich

Zutaten (je 1 Person)

Für den Saiblings-Toast:
½ Saiblingsfilet (ca. 40 g; ohne Haut und Gräten) · 1 Ei · 1 EL Zwiebelwürfel · ½ EL Dillspitzen · Salz
Chilipulver · Öl für den Ring
1 EL Öl oder braune Butter
(siehe S. 96)
2 TL Cocktailsauce (aus dem Glas)
1 Brötchen (halbiert und getoastet)
2 EL Krabben (in Salzlake)
1 TL Olivenöl · einige Spritzer
Zitronensaft · ca. 2 EL saure Sahne
etwas abgeriebene unbehandelte
Zitronenschale · Zucker

Für das Club-Sandwich:
2 Blätter Eisbergsalat
1 EL Gartenkresse
2 EL Petersilie (frisch geschnitten)
2 EL süßsaure Chilisauce
1 gegartes Hähnchenbrustfilet
(ca. 150 g; ohne Haut)
3 Scheiben Toastbrot (getoastet)
ca. 100 g gemischte Pilze
(z. B. Pfifferlinge und Steinpilze)
1 EL braune Butter oder Öl
gemahlener Kümmel
etwas abgeriebene unbehandelte Zitronenschale · 1 Spritzer Zitronensaft
Salz · Chilipulver · 1 TL Butter

Saiblings-Toast

Das Fischfilet klein schneiden. In einer Schüssel mit Ei, Zwiebel und Dill mit einer Gabel verquirlen, mit Salz und Chili würzen.

Die Eimischung in gefettetem Metallring in einer Pfanne im Öl (oder im Ofen bei 140 °C 5 bis 6 Min.) stocken lassen.

Den Ring entfernen, das Eitörtchen wenden und kurz anbraten. Die Cocktailsauce auf einer Brötchenhälfte verteilen.

Das Eitörtchen daraufsetzen. Krabben abtropfen lassen, mit Öl und etwas Zitronensaft mischen, auf das Törtchen setzen.

Die saure Sahne mit etwas Zitronensaft und -schale und je 1 Prise Chilipulver, Zucker und Salz abschmecken.

Die restliche Brötchenhälfte halbieren, jeweils etwas vom Dip daraufgeben und nach Belieben mit einigen Salatgurken- und Apfelwürfeln belegen.

Club-Sandwich

Salatblätter waschen, trocken schütteln und klein schneiden. Mit Kresse, 1 EL Petersilie und Chilisauce mischen. Hähnchen in Würfel schneiden, unter den Salat mischen und alles zwischen 2 Brotscheiben geben.

Pilze putzen, trocken abreiben und klein schneiden. In brauner Butter anbraten, 1 EL Petersilie, 1 Prise Kümmel, Zitronenschale und -saft hinzufügen, mit Salz und Chili würzen. Butter dazugeben und schmelzen lassen.

Die Pilzmischung auf das oberste Toastbrot geben und mit der dritten Scheibe abschließen. Das Sandwich mit 2 Spießen feststecken, nach Belieben mit je 2 Cocktailtomaten garnieren und quer halbieren.

Steak-Sandwich

Zutaten (1 Person)

1 kleine Zwiebel
je ca. ¼ grüner und gelber Zucchino
1 Scampo oder Riesengarnele
(küchenfertig; ohne Kopf; bis auf
das Schwanzstück geschält)
2 Scheiben Rinderfilet
(à ca. 1 ½ cm dick)
2 EL Öl
2 ausgekratzte Vanilleschoten
1 Zimtrinde
1 Knoblauchzehe (in Scheiben)
2 Scheiben Ingwer
ca. 3 EL Tomatenwürfel (ohne Haut)
Chilisalz (aus dem Gewürzladen)
2 EL Butter
1 TL Currypulver
½ große Scheibe Bauernbrot
(nicht zu dick, leicht getoastet)
Vanillesalz (aus dem Gewürzladen)

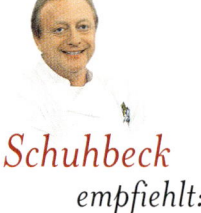

Schuhbeck empfiehlt:

» Die Rinderfilets sollten schonend gegart werden – besonders saftig sind sie rosa gebraten. Wichtig: Nur gut abgehangenes Fleisch wird richtig zart.
Die Steaks kann man auch einige Zeit vorher zubereiten, dann werden sie im auf 70 °C vorgeheizten Backofen auf einem Ofengitter warm gehalten. «

Zwiebel schälen und in grobe Rauten schneiden. Die Zucchini waschen, trocken reiben und in kleine Würfel schneiden.

Scampo waschen, trocken tupfen und bis zum Schwanz längs einschneiden, den dunklen Darm entfernen (siehe S. 18 oben).

Die Rinderfilets und den Scampo in einer Pfanne in 1 EL Öl bei mittlerer Hitze auf beiden Seiten je 1 bis 1½ Min. braten.

Inzwischen in einer weiteren Pfanne Zwiebel und Zucchini im restlichen Öl anbraten. Vanille, Zimt, Knoblauch und Ingwer hinzufügen. Nach 3 Min. Tomatenwürfel dazugeben, etwas mitbraten und das Gemüse mit Chilisalz würzen.

Das Fleisch und den Scampo aus der Pfanne nehmen. Die Butter darin zerlassen und mit dem Curry würzen. Die Steaks in der Currybutter wenden.

Das Gemüse auf dem Brot verteilen, die Steaks daraufgeben und mit etwas Currybutter beträufeln. Scampo daraufsetzen und das Sandwich mit 1 Prise Vanillesalz würzen.

> ### Sandwich mit Pilzen

Lecker schmeckt auch ein Steak-Sandwich mit Pilzen und Spiegelei. Dafür brate ich etwa 100 g gemischte Pilze wie beim Club-Sandwich (siehe S. 37, Step 2) und verteile sie auf 1 Scheibe Toast. 2 dünne Rinderfiletsteaks, wie oben beschrieben, braten und auf die Pilze geben. 1 Ei langsam zu einem Spiegelei braten und daraufsetzen.

RADIGEMÜSE & RADI SCHNEIDEN

ZUTATEN

Für das Gemüse (2 Pers.):
1 Rettichwurzel
1 TL Butter
1–2 EL Petersilie (frisch geschnitten)
Vanillesalz (aus dem Gewürzladen)

Zum Schneiden:
1 weiße oder rote Rettichwurzel
(geputzt und gewaschen)
Salz

Schuhbeck *empfiehlt:*

» Den geschnittenen Rettich vor dem Servieren mit Salz würzen und etwa 10 Min. ziehen lassen, dadurch entwässert der Radi.
Das Radigemüse können Sie statt mit Petersilie auch mit Schnittlauch servieren. Das Gemüse passt als Beilage sehr gut zu gekochtem Fleisch wie z. B. Tafelspitz oder Rinderbrust sowie zu Fisch. «

Radigemüse

Den Rettich putzen, waschen, vierteln und mit einem scharfen Messer in dünne Scheiben schneiden.

Den Rettich in kochendem Wasser 1 bis 2 Min. bissfest blanchieren. Mit dem Sieblöffel herausnehmen, eiskalt abschrecken.

Die Butter in einer Pfanne erhitzen und den Radi darin andünsten. Die Petersilie dazugeben. Mit Vanillesalz würzen.

Radi schneiden

Für den Ziehharmonika-Schnitt die Schraube vom Radischneider mittig in die Schnittfläche des Radis drehen. Den Stab aufsetzen und das Messer bis zum Ende des Stabs drehen.

Für den Münchner Schnitt die Wurzelspitze abschneiden und den Rettich auf dem Gemüsehobel oder der Mandoline längs in feine Scheiben hobeln. Fächerförmig auf einen leicht gesalzenen Teller legen.

Für den Platzl-Schnitt die Wurzelspitze abschneiden und den Radi in gleichmäßigen Abständen schräg einschneiden. Radi drehen und die andere Seite ebenso einschneiden.

> Radi mit Pesto

Für das Pesto 200 g verlesenen Blattspinat und die Blätter von 2 Bund Petersilie nacheinander in Salzwasser je 4 bis 5 Min. blanchieren. Abschrecken, das Wasser ausdrücken und die Blätter grob zerkleinern. Spinat und Petersilie im Küchenmixer mit 1 EL gerösteten Mandelblättchen, 1 EL geriebenem Parmesan, 60 ml Olivenöl und 60 g brauner Butter pürieren und mit Salz, Pfeffer und Zitronensaft würzen. Zum Radi servieren.

Eingelegtes Gemüse

Zutaten (4 Personen)

Für das eingelegte Gemüse:
3 Karotten · je 1 Aubergine und
Zucchino · ca. 8 EL Öl
⅛ l Gemüsebrühe
2 Thymian- oder Rosmarinzweige
1 Knoblauchzehe (in Scheiben)
½ unbehandelte Zitrone (in Scheiben)
2–3 EL mildes Olivenöl
1–2 EL weißer Aceto balsamico
Salz · Pfeffer aus der Mühle · Zucker

Für die eingelegten Artischocken:
60 g getrocknete Tomaten
3–4 EL weißer Aceto balsamico
2 Knoblauchzehen
4 Artischocken
einige Spritzer Zitronensaft
1 Chilischote
¾ l Gemüsebrühe
2 Thymianzweige
4 EL Olivenöl
Salz · Pfeffer aus der Mühle

Schuhbeck *empfiehlt:*

» Das marinierte Gemüse eignet sich sehr gut für Gäste – man kann es leicht vorbereiten. Zum Aufbewahren zugedeckt in den Kühlschrank stellen und 1 bis 2 Stunden vor dem Servieren herausnehmen, damit es Zimmertemperatur annehmen kann.
Am besten schmeckt das marinierte Gemüse lauwarm: einfach etwa 30 Min. im 50 °C heißen Backofen erwärmen. «

Eingelegtes Gemüse

Karotten putzen, schälen und mit dem Sparschäler in feine Streifen schneiden.

Karotten in kochendem Wasser 2 bis 3 Min. blanchieren. In ein Sieb abgießen, kalt abschrecken, abtropfen lassen.

Aubergine und Zucchino putzen und waschen. Beides in etwa ½ cm dicke Scheiben schneiden.

Aubergine und Zucchino portionsweise in jeweils 2 EL Öl in einer Pfanne auf beiden Seiten goldbraun braten.

Brühe mit Kräutern, Knoblauch und Zitrone erhitzen. Beiseitestellen und 3 Min. ziehen lassen. Olivenöl und Essig unterrühren.

Kräutermarinade mit Salz, Pfeffer und 1 Prise Zucker würzen. Gemüse auf einer Platte anrichten, Marinade darüber verteilen.

Eingelegte Artischocken

Die Tomaten in einem Topf in Wasser mit 1 EL Essig etwa 45 Min. weich köcheln. In ein Sieb abgießen und abtropfen lassen. Die Tomaten halbieren. 1 Knoblauchzehe schälen und in Scheiben schneiden.

Artischocken waschen, harte Blätter entfernen, Boden und ein Stück Stiel übrig lassen. Vierteln, mit Zitrone beträufeln. Mit dem restlichen ungeschälten Knoblauch und Chili in der Brühe etwa 10 Min. bissfest ziehen lassen.

Artischocken mit Knoblauch, Tomaten und Thymian in eine Form geben. 300 ml Artischockenbrühe, restlichen Essig, Öl, Salz und Pfeffer verrühren, über das Gemüse träufeln.

Tomaten häuten & Ofentomaten

Zutaten

Zum Häuten:
4–5 Tomaten

Für die Ofentomaten:
ca. 9 gehäutete Tomatenfilets
1 TL Puderzucker
1 großer Schuss Olivenöl
3 Rosmarinzweige

Schuhbeck empfiehlt:

» Die Ofentomaten eignen sich hervorragend als Beilage zu gebratenem Fisch oder Fleisch.
Oder Sie mischen sie unter andere Gemüsesorten wie z. B. Artischocken, Spinat oder grüne Bohnen. Die Kerne und Häute können Sie übrigens z. B. für eine Tomatensauce verwenden. «

Tomaten häuten

Von den Tomaten den Stielansatz herausschneiden und die gegenüberliegenden Seiten kreuzweise einritzen.

Die Tomaten ½ bis 1 Min. in siedendes Wasser legen. Mit dem Schaumlöffel herausnehmen und eiskalt abschrecken.

Die Haut vorsichtig abziehen und die Tomaten vierteln. Nach Belieben die Kerne und die Innenwände entfernen.

Ofentomaten

Den Backofen auf 100 °C vorheizen. Tomatenfilets mit der runden Seite nach oben auf einen ofenfesten Teller legen und mit dem Puderzucker bestäuben.

Das Öl darüberträufeln. Rosmarin waschen, trocken schütteln und zwischen die Tomatenfilets auf den Teller legen.

Die Tomatenfilets im vorgeheizten Ofen auf der mittleren Schiene etwa 1 Std. trocknen.

> ### Kleine Tomatenschule
>
> Sie können die gehäuteten Tomatenfilets auch in etwas Olivenöl andünsten und mit Rosmarin und Knoblauch aromatisieren. Sie passen z. B. gut zu Steak oder gebratenem Fisch.
> Oder Sie bereiten aus den Ofentomaten einen lauwarmen Tomatensalat zu. Dafür nach dem Garen den Rosmarin entfernen und durch Basilikum ersetzen und z. B. mit Kapern und Perlzwiebeln dekorieren. Den Salat servieren Sie am besten mit Weißbrot. Die Ofentomaten halten sich in einem Glas mit Olivenöl bedeckt im Kühlschrank etwa 3 Wochen.

BRATHERING

ZUTATEN (4 PERSONEN)

2 Zwiebeln
je 1 gelbe und orangefarbene Karotte
150 g Knollensellerie
½ Stange Lauch
ca. 20 Wacholderbeeren
je 2–3 TL Senf-, Koriander- und schwarze Pfefferkörner
1 EL Pimentkörner
2 EL Puderzucker
80 ml Rotweinessig
½ l Gemüsebrühe
1 rote Chilischote
4 Lorbeerblätter
Salz
4 EL doppelgriffiges Mehl (Wiener Grießler)
8 Heringsfilets (mit Haut, ohne Gräten)
3–4 EL Öl

Schuhbeck empfiehlt:

» Man kann den Brathering gut vorbereiten, dann sollte er allerdings bis zum Servieren zugedeckt im Kühlschrank aufbewahrt werden. Den Fisch vor dem Servieren dann rechtzeitig herausnehmen – temperiert schmeckt er besser.
Probieren Sie den Fisch auch einmal lauwarm, dafür den Brathering im Backofen auf der mittleren Schiene bei 80 °C 20 Min. erwärmen.
Zum Brathering passen knusprige Bratkartoffeln (siehe S. 128). «

Am Vortag Zwiebeln, Karotten und Sellerie schälen, Lauch putzen, waschen, alles in sehr feine Streifen (Julienne) schneiden.

Die ganzen Gewürze in einem Topf anrösten, bis sie zu duften beginnen. Puderzucker darüberstäuben und karamellisieren.

Mit dem Essig ablöschen und das Gemüse dazugeben. Die Brühe angießen.

Die Chilischote längs halbieren, entkernen und waschen. Die Lorbeerblätter und die Chilischote in den Topf geben.

Die Marinade salzen und knapp unter dem Siedepunkt etwa 10 Min. ziehen lassen. Das Mehl auf einen Teller geben.

Die Heringsfilets waschen und trocken tupfen. Mit der Hautseite im Mehl wenden und leicht abklopfen.

Das Öl in einer Pfanne erhitzen und die Fischfilets darin auf der Hautseite bei mittlerer Hitze 1 bis 2 Min. anbraten, bis an den Seiten ein heller Streifen entsteht.

Die Marinade mit den Gewürzen und dem Gemüse in eine ausreichend große Form gießen.

Die Heringsfilets nebeneinander, mit der Hautseite nach oben, in die Marinade legen und im Kühlschrank über Nacht ziehen lassen. Am nächsten Tag zum Servieren jeweils etwas Gemüse auf Teller verteilen, je 1 Brathering daraufgeben und mit etwas Marinade beträufeln.

Fisch und Fleisch beizen

Zutaten (4 Personen)

Für gebeizte Lachsforelle:
etwas unbehandelte Zitronen- und Orangenschale (in dünnen Streifen)
2 Bund Dill und 1 Bund Petersilie (frisch geschnitten)
je 1 TL Senf- und Korianderkörner
1 TL Wacholderbeeren (angedrückt)
1 TL schwarze Pfefferkörner (grob zerkleinert) · 30 g Salz · 15 g Zucker
400 g Lachsforellen- oder Lachsfilet (mit Haut, ohne Gräten; gewaschen)
1 EL Olivenöl

Für gebeiztes Kalbsfilet:
Schale von je ½ unbehandelten Zitrone und Orange · 1 EL Rosmarinnadeln · 70 g Salz · 90 g Zucker
je 1–2 EL Petersilie und Dill (frisch geschnitten)
2 EL schwarze Pfefferkörner (grob zerkleinert) · 400 g Kalbs- oder Schweinefilet (Mittelstück; geputzt)

Schuhbeck empfiehlt:

» Zur gebeizten Lachsforelle passen ausgezeichnet die Honig-Senf-Dill-Sauce von S. 56 und die Kartoffelrösti von S. 122.
Das gebeizte Kalbsfilet wird mit Salat oder als Vorspeise serviert.
Sie können das Fleisch auch 1 bis 2 Tage länger in der Marinade liegen lassen. «

Gebeizte Lachsforelle

1. Zitrusschalen, Dill und Petersilie mit übrigen Gewürzen mischen. Fisch mit Haut nach unten auf einen Teller legen, mit Öl bestreichen, Beize darüber verteilen.

2. Den gebeizten Fisch mit Frischhaltefolie bedecken und über Nacht im Kühlschrank ziehen lassen.

3. Am nächsten Tag das Fischfilet wenden, nochmals über Nacht ziehen lassen. Beize entfernen. Fisch trocken tupfen und in sehr dünne Scheiben schneiden.

Gebeiztes Kalbsfilet

1. Zitronen- und Orangenschale in feine Streifen schneiden. Rosmarin fein schneiden. Beides mit restlichen Gewürzen und Kräutern vermischen. Filet auf Frischhaltefolie legen und mit der Würzmischung einreiben.

2. Das Filet ganz in die Folie einwickeln und in eine tiefe Form legen. Im Kühlschrank 1 Tag durchziehen lassen, zwischendurch einmal wenden.

3. Am nächsten Tag die Folie öffnen, Marinade mit einem Löffel abstreifen. Das gebeizte Filet trocken tupfen und in möglichst dünne Scheiben schneiden.

> Lauwarm gebeizter Lachs

Pro Person 1 Lachsfilet (120 g; ohne Haut und Gräten) mit 1 EL Olivenöl einpinseln, salzen und pfeffern und in eine kleine Vakuumiertüte legen. Beide Seiten mit je 1 Streifen unbehandelter Zitronen- und Orangenschale und 2 Dillstielen belegen. Lachsfilet vakuumieren und mehrere Stunden im Kühlschrank marinieren. Noch eingeschweißt in einem Topf in 80 °C heißem Wasser etwa 20 Min. glasig durchziehen lassen.

Carpaccio

Zutaten (4 Personen)

Zum Vorbereiten:
ca. 400 g sehr frisches Rinderfilet
Öl zum Einpinseln und für die Folie

Zum Fertigstellen:
einige Spritzer Zitronensaft
Salz (z. B. Murray River Salt oder Fleur de Sel)
2–3 EL Olivenöl (extra vergine)
1 Stück Parmesan
5 Basilikumblätter
Pfeffer aus der Mühle
1–2 TL kleine Kapern
3 Sardellenfilets
5 grüne und schwarze Oliven (entsteint)
einige gemischte Wildkräuter (z. B. Portulak und Kerbel)
1 EL Pinienkerne (geröstet)

Schuhbeck empfiehlt:

» Ob Sie das Carpaccio aus angefrorenem oder normal temperiertem Fleisch zubereiten, bleibt ganz Ihnen überlassen. Beide Varianten eignen sich auch für beide Variationen zum Belegen.
Das gefrorene Rinderfilet können Sie auch mit der Brotschneidemaschine (Wurstschneidestufe) in gleichmäßige Scheiben schneiden. «

Methode 1: Filet anfrieren und schneiden

1 Das Rinderfilet zuerst in Frischhaltefolie und dann in Alufolie wickeln, die Enden jeweils gut festdrehen.

2 Das Fleisch etwa 1 Std. ins Tiefkühlfach geben und anfrieren. Dann das Filet herausnehmen und auswickeln.

3 Mit einem scharfen Messer dünne Scheiben abschneiden. Fächerartig auf einen Teller legen, 3 bis 4 Min. auftauen lassen.

Methode 2: Filet schneiden und plattieren

1 Von dem Filet mit einem scharfen Messer etwa ½ cm dicke Scheiben abschneiden.

2 Die Filets mit viel Abstand auf 1 großes Blatt geölte Frischhaltefolie legen und die Filets auf der Oberseite mit Öl bepinseln.

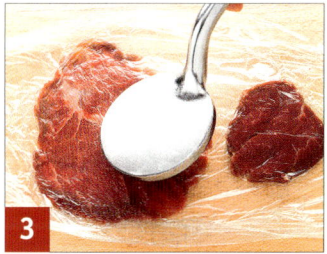

3 Die Folie darüberklappen und das Fleisch mit dem Plattiereisen vorsichtig flach klopfen. Auf einem Teller fächerartig auslegen.

Carpaccio fertigstellen

1 Das Fleisch mit Zitronensaft beträufeln und mit Salz würzen. Die Scheiben mit Öl einpinseln und einige Minuten marinieren.

2 Über das Carpaccio entweder grob Parmesan raspeln, mit Basilikum belegen und mit Pfeffer aus der Mühle würzen.

3 Oder das Carpaccio mit Kapern, Sardellenfilets und Oliven belegen, mit Kräutern garnieren und Pinienkerne darüberstreuen.

RINDFLEISCHTATAR

ZUTATEN (4 PERSONEN)

Für Tatar im Roastbeefmantel:
3 Sardellenfilets · 1 kleine Essiggurke
1–2 TL Kapern · ½ Zwiebel
1 TL Öl · 500 g Rinderfilet
(fein durch den Fleischwolf gedreht)
je 1 EL süßsaure Chilisauce
und Tomatenketchup
1–2 TL Dijon-Senf
1 EL eingelegter Ingwer · Salz
1 Msp. Paprikapulver (edelsüß)
Chilipulver
3 EL Schnittlauchröllchen
8 dünne Scheiben Roastbeef
150 g saure Sahne
etwas abgeriebene unbehandelte
Zitronenschale · Zitronensaft · Zucker

Für Tatar mit Gemüsesalat:
1–2 EL Croûtons (siehe Tipp S. 32)
200 g gemischtes Gemüse (blanchiert
und klein geschnitten, z. B. Zucchino,
Lauch, grüner Spargel)
1 EL Olivenöl · Pfeffer aus der Mühle

Schuhbeck empfiehlt:

» Zu dem Tatar im Roastbeef passen sehr gut Gemüserösti aus Zwiebeln, Karotten, Kartoffeln, Lauch oder Zucchini. Das Gemüse in feine Streifen raspeln. Mit Salz, Pfeffer und Muskatnuss würzen. In einer Pfanne in Öl goldbraun zu Rösti braten.
Für den Gemüsesalat können Sie Gemüse nach saisonalem Angebot und persönlichem Geschmack nehmen. Das Gemüse vorher blanchieren, damit es seine schöne Farbe behält. Dazu passen Cocktailtomaten. «

Tatar im Roastbeefmantel

1. Sardellen, Gurke und Kapern fein hacken. Zwiebel schälen, in Würfel schneiden und im Öl glasig dünsten oder blanchieren.

2. Rindfleisch mit Sardellen, Gurke, Kapern und Zwiebel in eine Schüssel geben. Chilisauce, Ketchup und Senf unterrühren.

3. Den Ingwer klein schneiden und dazugeben. Das Tatar mit Salz, Paprika und Chili würzen. 2 EL Schnittlauch unterrühren.

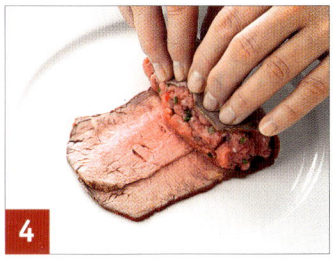

4. Je 2 Scheiben Roastbeef nebeneinander auf einen Teller legen. 2 EL Tatar daraufgeben und der Länge nach einrollen.

5. Saure Sahne mit etwas Zitronenschale und -saft, Zucker, Salz und 1 Prise Chilipulver verrühren. 1 EL Schnittlauch unterrühren.

6. Das Tatar im Roastbeef auf Teller geben und mit der Schnittlauchsauce anrichten. Nach Belieben mit Gemüserösti (siehe Tipp) servieren.

Tatar mit Gemüsesalat

1. Einen Metallring (ca. 5 cm Ø) mit Öl einfetten und auf einen Teller stellen. Das Tatar, wie in Step 1 bis 3 beschrieben, zubereiten. In den Metallring geben.

2. Die Oberfläche glatt streichen. Das Tatar mit Croûtons bestreuen und den Ring abziehen.

3. Das Gemüse in einer Schüssel mit Zitronensaft und Olivenöl verrühren. Mit Salz und Pfeffer würzen. Etwas marinieren und mit dem Tatar anrichten.

SALAT-DRESSINGS

ZUTATEN

Für Vinaigrette (ca. 100 ml):
1 Schalotte
2 EL Rotweinessig
Salz · Zucker
½ TL scharfer Dijon-Senf
6 EL Öl
Pfeffer aus der Mühle

Für French Dressing (ca. 150 ml):
1 Eigelb · 1 EL Gemüsebrühe oder Wasser
1 TL Weißweinessig
Salz · Cayennepfeffer
1 EL scharfer Senf · 8 EL Öl

Für Kräuter-Dressing (ca. 300 ml):
¼ l Gemüsebrühe oder Wasser
1 Handvoll Basilikumblätter
½–1 TL scharfer Senf
1 EL Zitronensaft
Salz · Zucker · Cayennepfeffer
5–6 EL mildes Olivenöl

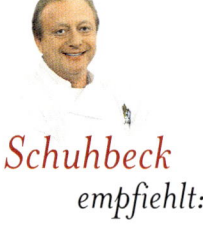

Schuhbeck empfiehlt:

» Für das French Dressing sollten alle Zutaten dieselbe Temperatur haben, am besten Zimmertemperatur. Das Dressing wird etwas würziger, wenn man eine kleine Scheibe Knoblauch untermixt oder die Salatschüssel mit einer halbierten Knoblauchzehe und einer Scheibe Ingwer ausreibt. Statt neutralem Öl passt auch Oliven-, Walnuss- oder Kürbiskernöl. Schalotten haben übrigens einen feineren Geschmack als Zwiebeln. «

Vinaigrette

1. Die Schalotte schälen und in kleine Würfel schneiden.
2. Den Essig in einer kleinen Schüssel mit je 1 Prise Salz und Zucker und dem Senf mit einem kleinen Schneebesen verrühren.
3. Öl dazugeben und unterrühren. Zum Schluss die Schalottenwürfel hinzufügen und die Vinaigrette mit Pfeffer würzen.

French Dressing

1. Das Eigelb mit Gemüsebrühe oder Wasser in eine kleine Schüssel geben.
2. Den Essig mit etwas Salz, 1 Prise Cayennepfeffer und dem Senf hinzufügen. Das Dressing mit dem Stabmixer aufmixen.
3. Das Öl nach und nach dazugießen und gleichzeitig mit dem Stabmixer weitermixen, bis das Dressing leicht sämig ist.

Kräuter-Dressing

1. Die Gemüsebrühe oder das Wasser in eine kleine Schüssel geben und die Basilikumblätter hinzufügen.
2. Den Senf, Zitronensaft, etwas Salz, 1 Prise Zucker und etwas Cayennepfeffer dazugeben.
3. Mit dem Stabmixer aufmixen, nach und nach das Olivenöl dazugießen. Nach Belieben Schalottenwürfel unterrühren.

Kalte Saucen

Zutaten

Für Limettensauce:
150 g Naturjoghurt · 1 Schuss Sahne
Saft von ½ Limette
etwas abgeriebene unbehandelte
Limettenschale
Salz · Pfeffer aus der Mühle
etwas Olivenöl

Für Honig-Senf-Dill-Sauce:
150 g Crème fraîche · 1 Schuss Milch
1 TL Honig · 1–2 TL scharfer Senf
einige Dillstiele
Salz · Cayennepfeffer

Für Kräutersauce:
1 Handvoll gemischte Kräuter (z. B.
Petersilie, Basilikum, Minze, Estragon,
Melisse, Sauerampfer, Bärlauch)
etwas Milch · 200 g saure Sahne
1 Schuss Sahne oder Milch
Salz · Cayennepfeffer
einige Spritzer Zitronensaft

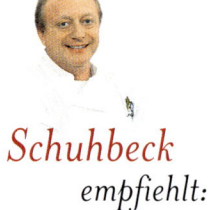

Schuhbeck empfiehlt:

» Die Limettensauce schmeckt wunderbar zu Fisch, kaltem Fleisch, Roastbeef oder zu Gemüse. Sie können die Sauce auch mit Schnittlauchröllchen und einem Spritzer Zitronensaft verfeinern. Die Honig-Senf-Dill-Sauce passt gut zu geräuchertem Fisch oder gebeiztem Lachs. Frische Kräuter übrigens immer erst kurz vor der Verwendung zerkleinern, damit ihr Aroma vollständig erhalten bleibt. «

Limettensauce

1 Den Joghurt in eine Schüssel geben und die Sahne dazugießen. Beides mit einem Schneebesen glatt verrühren.

2 Limettensaft und -schale hinzufügen und mit Salz und Pfeffer würzen. Unter Rühren einige Tropfen Olivenöl dazugeben.

3 Alle Zutaten mit einem kleinen Schneebesen zu einer glatten Sauce verrühren.

Honig-Senf-Dill-Sauce

1 Die Crème fraîche mit der Milch, dem Honig und dem scharfen Senf in eine kleine Schüssel geben.

2 Von den Dillstielen die Spitzen abzupfen und nicht zu fein hacken. Dill ebenfalls in die Schüssel geben.

3 Alle Zutaten mit einem kleinen Schneebesen gut verrühren. Mit Salz und Cayennepfeffer würzen und etwa 10 Min. ziehen lassen.

Kräutersauce

1 Von den Kräutern einige Blätter beiseitelegen. Restliche Kräuter mit der Milch in einem hohen Rührbecher mit dem Stabmixer nicht zu fein pürieren.

2 Die saure Sahne und die Sahne oder die Milch in einer Schüssel verrühren. Kräutermilch hinzufügen und mit einem kleinen Schneebesen unterrühren.

3 Beiseitegelegte Kräuter fein hacken, zur Sauce geben und unterrühren. Mit Salz, Cayennepfeffer und Zitronensaft würzen.

Mayonnaise & Co.

Zutaten

Für Mayonnaise (ca. 250 g):
2 Eigelb (Zimmertemperatur) · Salz
1 EL Rotweinessig
einige Tropfen Worcestershiresauce
½ TL scharfer Senf
Cayennepfeffer · 200 ml Öl

Für Rouille (ca. 200 g):
1 rote Paprikaschote
1 Kartoffel (gekocht)
1 Knoblauchzehe (gehackt)
½ TL Senf · einige Safranfäden
1–2 EL Mayonnaise
2–3 EL mildes Olivenöl
Salz · Cayennepfeffer

Für Remoulade (ca. 250 g):
je 100 g Crème fraîche und
Mayonnaise · etwas Milch oder Sahne
1 TL scharfer Senf
4 Sardellenfilets (fein gehackt)
2 TL Kapern (fein gehackt)
1 Essiggurke (fein gehackt)
1 Ei (gekocht und fein gehackt)
1 EL Petersilie (frisch geschnitten)
1–2 TL Rotweinessig
einige Tropfen Worcestershiresauce
Salz · Zucker · Cayennepfeffer

Mayonnaise

Eigelbe mit etwas Salz verrühren, 1 Min. stehen lassen. Essig, Worcestershiresauce, Senf und 1 Prise Cayennepfeffer unterrühren.

Das Öl unter Rühren erst tropfenweise, dann in einem dünnem Strahl hinzufügen.

Mit dem Schneebesen rühren, bis eine cremige Mayonnaise entstanden ist. Mit Salz und Cayennepfeffer abschmecken.

Rouille

Die Paprika häuten (siehe S. 191) und in Würfel schneiden. Die Kartoffel pellen und ebenfalls würfeln. In eine Schüssel geben.

Knoblauch, Senf, Safranfäden, Mayonnaise und Olivenöl hinzufügen. Alle Zutaten gut miteinander verrühren.

Rouille mit Salz und Cayennepfeffer abschmecken. Nach Belieben die Rouille noch im Blitzhacker zerkleinern.

Remoulade

Crème fraîche mit Mayonnaise in einer Schüssel verrühren, je nach Konsistenz noch etwas Milch oder Sahne hinzufügen.

Senf, Sardellen, Kapern, Essiggurke, Ei, Petersilie, Essig und Worcestershiresauce auf die Mayonnaisemischung geben.

Die Zutaten gleichmäßig verrühren. Die Remouladensauce mit Salz, 1 Prise Zucker und Cayennepfeffer abschmecken.

Avocado-Salsa

Zutaten (4 Personen)
1 Schalotte
1–2 TL eingelegter Ingwer
½ Knoblauchzehe · Salz
2 reife Avocados (ca. 500 g)
1–2 EL Zitronensaft
1 Zimtrinde
geröstete Korianderkörner für die Gewürzmühle
Vanillesalz (aus dem Gewürzladen)
Chilipulver
2 EL mildes Olivenöl

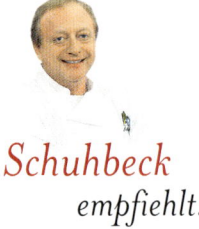

Schuhbeck empfiehlt:

» Reife Avocados erkennt man daran, dass sich ihre Schale bei leichtem Druck weich anfühlt. Man halbiert sie und entfernt den Kern. Das Avocadofruchtfleisch kann man dann entweder direkt aus der Schale löffeln, oder man schält es und schneidet es in mundgerechte Stücke. Das Fruchtfleisch sofort mit Zitronensaft beträufeln, sonst wird es braun. Ein Avocadokern in einer fertigen Guacamole verhindert diese Braunfärbung übrigens ebenfalls. «

Die Schalotte schälen und mit einem Messer in kleine Würfel schneiden. Den Ingwer klein schneiden.

Den Knoblauch schälen und grob zerkleinern. Mit etwas Salz bestreuen und mit der Messerklinge zerreiben.

Die Avocados halbieren und die Kerne entfernen. Die Avocadohälften schälen.

Das Avocadofruchtfleisch in ½ cm große Würfel schneiden und in eine Schüssel geben. Sofort mit dem Zitronensaft beträufeln.

Die Schalottenwürfel, den Ingwer und den Knoblauch zu den Avocadowürfeln geben.

Über die Mischung etwas Zimt reiben und mit Salz, dem Koriander aus der Mühle und je 1 Prise Vanillesalz und Chilipulver würzen. Das Öl hinzufügen und alles vorsichtig mischen.

> Salsa-Variationen

Die Salsa können Sie zu den verschiedensten Gerichten servieren: z. B. als Beilage zu gegrilltem Fleisch, als Brotaufstrich oder klassisch zu Tortilla-Chips.

Sie können die Avocado-Salsa auch einmal mit 100 g Frischkäse verfeinern.

Für ein Avocado-Chutney etwa ein Drittel der Salsa mit dem Stabmixer pürieren und die restliche Salsa unterrühren.

Zu Avocado passen übrigens auch Früchte wie z. B. Erdbeeren sehr gut, dann die Salsa mit Balsamico abschmecken.

Linsensalat

Zutaten (4 Personen)

je 50 g gelbe und orangefarbene
Karotte und Knollensellerie
1 Zwiebel · 1 EL Öl
1 Scheibe Bauchspeck (ca. 100 g)
200 g Champagnerlinsen
(eingeweicht)
1 TL Tomatenmark
ca. 400 ml Geflügelbrühe
1 Lorbeerblatt
1 Knoblauchzehe (in Scheiben)
2 Scheiben Ingwer
1 Zimtsplitter
getrockneter Majoran
Chilipulver
4 EL Aceto balsamico
etwas abgeriebene unbehandelte
Zitronen- und Orangenschale
1 EL Petersilie (frisch geschnitten)
2 EL Frühlingszwiebelringe
2 EL gebratene Speckwürfel
je 1 EL mildes Olivenöl und Rapsöl

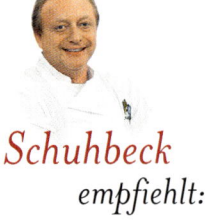

Schuhbeck empfiehlt:

» Champagnerlinsen sind kleine hellbraune Linsen, die sehr fein im Geschmack sind. Wenn Sie keine bekommen, nehmen Sie andere braune Linsen. Den Essig erst zum Schluss zu den Linsen geben, sonst bleiben sie hart und zerspringen beim Erhitzen nach einiger Zeit. Für ein italienisches Aroma 50 g schwarze Oliven und 50 g getrocknete Tomaten klein schneiden und unterrühren, mit Oregano würzen. «

Karotten und Sellerie putzen, schälen und in kleine Rauten schneiden. Die Zwiebel schälen und in Würfel schneiden.

Die Zwiebelwürfel in einem Topf im Öl bei milder Hitze andünsten. Den Speck dazugeben. Die Linsen abbrausen.

Die Linsen in den Topf geben und andünsten. Das Tomatenmark unterrühren und etwas mitdünsten.

Das Gemüse unterrühren, kurz mitdünsten und alles mit der Brühe ablöschen.

Das Lorbeerblatt, den Knoblauch, den Ingwer und den Zimt hinzufügen und mit je 1 Prise Majoran und Chilipulver würzen.

Die Linsen knapp unter dem Siedepunkt 20 Min. ziehen lassen, bis die Flüssigkeit etwas aufgesogen ist.

Alles in eine Schüssel geben. Jetzt erst den Essig unterrühren und die Zitronen- und Orangenschale dazugeben.

Die Petersilie, die Frühlingszwiebelringe und die Speckwürfel untermischen.

Das Oliven- und das Rapsöl unter den Linsensalat rühren und den Salat, falls nötig, mit Chilipulver nachwürzen. Den Linsensalat vor dem Servieren 10 Min. ziehen lassen.

Zweierlei Kartoffelsalat

Zutaten (4 Personen)

Für Kartoffelsalat:
1 kg festkochende Kartoffeln · Salz
½ EL Kümmelsamen
1 kleine Zwiebel
400 ml Geflügel-, Gemüse- oder
Rinderbrühe
3 EL Rotweinessig
1 EL scharfer Senf
Chilipulver
Zucker

Für Kartoffel-Endivien-Salat:
¼ – ½ Kopf Endiviensalat
3 – 4 Scheiben Speck
3 EL braune Butter (siehe S. 96)

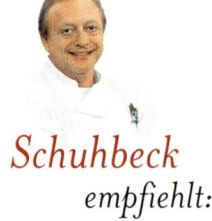

Schuhbeck empfiehlt:

» Achten Sie darauf, dass sowohl die Kartoffeln als auch das Dressing noch warm sind, sonst nehmen die Kartoffeln die Marinade nicht auf. Je nach Saison können Sie den klassischen Kartoffelsalat mit gebratenen Pfifferlingen oder Steinpilzen, mit Bärlauchstreifen oder anderen Kräutern mischen. Der Salat ist auch mit Pesto, eingelegtem Kürbis oder Radieschen ein wahrer Gaumenschmaus. «

Kartoffelsalat

1. Die Kartoffeln waschen und mit der Schale in einem Topf in Salzwasser mit dem Kümmel weich kochen.

2. Kartoffeln abgießen und möglichst heiß pellen. Kartoffeln in dünne Scheiben schneiden und in eine Schüssel geben.

3. Die Zwiebel schälen und in kleine Würfel schneiden. Zwiebelwürfel in kochendem Salzwasser etwa 2 Min. blanchieren.

4. Die Brühe in einem Topf erhitzen, Essig und Senf unterrühren. Mit Salz und je 1 Prise Chilipulver und Zucker würzen.

5. Brühe in einen Rührbecher gießen. 1 Handvoll Kartoffelscheiben in die Brühe geben und mit dem Stabmixer pürieren.

6. Marinade nach und nach mit den Zwiebelwürfeln unter die warmen Kartoffelscheiben mischen, bis sie vollständig aufgesogen ist. 15 Min. ziehen lassen.

Kartoffel-Endivien-Salat

1. Den Kartoffelsalat, wie oben beschrieben, zubereiten. Den Endiviensalat putzen, waschen und trocken schütteln. Die Salatblätter in Streifen schneiden.

2. Den Speck in Rauten schneiden und dabei die Schwarte entfernen. Die Speckrauten in einer Pfanne auslassen und knusprig braun braten.

3. Die Endiviensalatstreifen locker unter den Kartoffelsalat heben. Die braune Butter hinzufügen und unterrühren. Den Speck dazugeben und ebenfalls untermischen. Den Salat 10 bis 15 Min. ziehen lassen.

Wurstsalat

Zutaten (4 Personen)

*800 g grobe Fleischwurst
(z. B. Regensburger)*
2 Zwiebeln
3 Stangen grüner Spargel
80 g breite grüne Bohnen · Salz
100 g Cocktailtomaten
8 Radieschen
½ gelber oder grüner Zucchino
80 g weiße Bohnen (aus der Dose)
300 ml Gemüsebrühe
1–2 TL scharfer Senf
2 EL Rotweinessig
Zucker · Salz
Chiliflocken
je 1 EL Rapsöl und Olivenöl
1 EL Petersilie (frisch geschnitten)

Schuhbeck empfiehlt:

» Anstatt Regensburger Würsten können andere Wurstsorten wie Wiener Würstchen oder Lyoner verwendet werden. Die Zwiebeln lassen sich durch rote Zwiebeln ersetzen. Die Kombination der Gemüsesorten können Sie natürlich auch variieren. Ich gebe zum Schluss noch 1 klein geschnittene, entkernte Chilischote zum Salat und würze ihn mit gerösteten Korianderkörnern aus der Gewürzmühle. «

Die Wurst enthäuten und in Scheiben schneiden. Die Zwiebeln schälen und in Streifen schneiden.

Den Spargel waschen, im unteren Drittel schälen und holzige Enden entfernen. Schräg in Stücke schneiden.

Bohnen putzen und in Stücke schneiden. Spargel und Bohnen in Salzwasser 5 bis 6 Min. blanchieren und kalt abschrecken.

Bohnen und Spargel auf einem Sieb abtropfen lassen. Tomaten waschen, trocken tupfen und halbieren.

Radieschen putzen, waschen und in Stücke schneiden. Zucchino putzen, waschen und in Stücke schneiden.

Wurst, Zwiebeln, Spargel, grüne und weiße Bohnen, Tomaten, Radieschen und Zucchino in einer Schüssel mischen.

Für das Dressing die Brühe erhitzen. In einen hohen Rührbecher geben und mit Senf und Essig mischen. Mit Zucker, Salz und Chiliflocken abschmecken.

Mit dem Stabmixer aufmixen. Die beiden Ölsorten ebenfalls untermixen. Das Dressing sollte lauwarm sein.

Das Dressing zum Wurstsalat geben und gut unterrühren. Die Petersilie darüberstreuen. Den Wurstsalat bei Zimmertemperatur 10 Min. ziehen lassen und servieren.

Weisswurst-Variationen

Zutaten (4 Personen)

Für gekochte Weißwürste:
Salz · 8 Weißwürste
2–3 Streifen Zitronenschale
2–3 Petersilienstiele

Für gebackene Weißwurstradeln:
4 Weißwürste · 2 Eier
Salz · Pfeffer aus der Mühle
frisch geriebene Muskatnuss
etwas abgeriebene unbehandelte
Zitronenschale
50 g doppelgriffiges Mehl
(Wiener Grießler)
100 g Weißbrotbrösel
ca. 200 ml Öl zum Braten

Für Weißwurstnocken:
400 g Weißwurstbrät (vom Metzger)
10 g schwarze Trüffeln (geputzt, ersatzweise frisch geschnittene Kräuter)
1–2 EL Schnittlauchröllchen
4–5 EL Sahne oder Milch
Salz · 1–2 Lorbeerblätter

Schuhbeck *empfiehlt:*

» Weißwürste sind eine bayerische Spezialität, die gerne als Frühstück auf den Tisch kommen – meist mit Brezen, süßem Senf und Weißbier. Zum Panieren der Würste verwendet man am besten doppelgriffiges Mehl – es klumpt nicht so leicht wie normales Mehl.
Die Weißwurstnocken passen gut zu Fleischbrühe, Kartoffelsuppe, Rahmspinat oder Salat. «

Weißwürste kochen

1. So viel Wasser in einen Topf geben, dass die Würste gut davon bedeckt werden. Wasser auf 75 bis 80 °C erhitzen und salzen.
2. Die Weißwürste in das Wasser geben, Zitronenschale und Petersilienstiele hinzufügen.
3. Die Würste etwa 15 Min. ziehen lassen (nicht kochen, sonst platzen sie). Wenn die Weißwürste nach oben steigen, sind sie gar.

Gebackene Weißwurstradeln

1. Weißwürste häuten und schräg in Scheiben schneiden. Eier verquirlen, mit Salz, Pfeffer, Muskatnuss und Zitronenschale würzen.
2. Wurstscheiben einzeln zuerst in Mehl wenden, dann durch die Eier ziehen und zuletzt mit Weißbrotbröseln panieren.
3. In eine Pfanne 2 bis 3 cm hoch Öl geben und erhitzen. Wurstradeln bei mittlerer Hitze von allen Seiten braun ausbacken.

Weißwurstnocken

1. Brät in eine Schüssel geben, Trüffeln darüberreiben oder Kräuter dazugeben. Schnittlauch hinzufügen. Sahne unterrühren.
2. Mit einem Esslöffel kleine Portionen abstechen, zum Nockenformen mit dem Löffel öfter über den Handballen streichen.
3. In einem Topf reichlich Salzwasser erhitzen. Nocken vom Löffel hineinstreichen, Lorbeer hinzufügen. 10–12 Min. ziehen lassen.

Fingerfood

Zutaten (4 Personen)

Für Currysuppe mit Gemüse:
400 ml Gemüsebrühe
50 g Sahne · 1 Scheibe Knoblauch
1 TL Currypulver
1 kleine Scheibe Ingwer
1 EL Butter · Salz
150 g gemischtes Gemüse
(z. B. Bohnen, Karotten, Staudensellerie, Zucchini; geputzt, klein geschnitten und blanchiert)
Basilikumblätter

Für Kaffee-Panna-cotta:
40 g Kaffeebohnen · 400 g Sahne
200 ml Milch · 1 Vanilleschote
50 g Zucker · 4 Blatt Gelatine

Für Lachs mit Gurke:
1/3 Salatgurke (gewaschen und entkernt) · 2 EL saure Sahne
Salz · Cayennepfeffer · Zucker
1 TL Zitronensaft · 4 Scheiben marinierter Lachs (à 8–10 g)

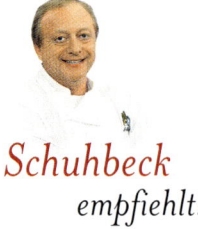

Schuhbeck *empfiehlt:*

» Zu der Kaffee-Panna-cotta schmecken die marinierten Beeren von S. 226 sehr fein.
Für den Lachs mit Gurke können Sie die Gurkenstifte anstatt sie zu blanchieren auch mit ein wenig Salz vermischen. Nach ein paar Minuten ziehen die Gurken Wasser, das man abgießt, und werden dadurch geschmeidig. So können sie besser mit der Sahne verrührt werden. «

Currysuppe mit Gemüse

350 ml Brühe, Sahne, Knoblauch, Curry und Ingwer erhitzen. Butter zufügen, mit dem Stabmixer schaumig aufschlagen, salzen.

Gemüse in der restlichen Brühe erhitzen. Mit dem Schaumlöffel herausheben und auf vorgewärmte Kaffeetassen verteilen.

Die aufgeschäumte Currysuppe auf das Gemüse geben und mit Basilikumblättern garnieren.

Kaffee-Panna-cotta

Kaffeebohnen in einer Pfanne erhitzen, bis sie duften. In der Sahne zugedeckt über Nacht im Kühlschrank ziehen lassen. Durch ein Sieb gießen.

Milch mit der Hälfte der Kaffeesahne, aufgeschlitzter Vanilleschote und Zucker aufkochen. Durch ein Sieb gießen. Gelatine einweichen und ausdrücken.

Gelatine in heißer Vanillesahne auflösen, abkühlen lassen. Übrige Kaffeesahne steif schlagen, unter gelierende Sahne heben. In Gläser füllen und 2 Std. kühlen.

Lachs mit Gurke

Gurke in dünne Stifte schneiden, kurz blanchieren. Mit der sauren Sahne in eine Schüssel geben.

Mit je 1 Prise Salz, Cayennepfeffer und Zucker sowie Zitronensaft würzen und alles verrühren.

Lachsscheiben mit Gurkencreme auf Löffeln oder Desserttellern anrichten.

Suppen & Saucen

Bouillon & Consommé

Zutaten (je 2,5 l)

Für die Bouillon (Fleischbrühe):
750 g Rindfleischknochen (Suppenknochen, klein gehackt)
600 g Rindfleisch (aus Schulter, Keule oder Brust; küchenfertig)
1 EL Öl
2 Zwiebeln (geschält)
120 g Knollensellerie (geschält)
1 Karotte (geschält) · Salz
1 braunschalige Zwiebel (halbiert, die Schnittflächen angebräunt; siehe S. 181, Step 3 oben)

Für die Consommé (Kraftbrühe):
1 kleine Zwiebel (geschält)
50 g Knollensellerie (geschält)
½ kleine Karotte (geschält)
500 g Rindfleisch (aus der Wade; küchenfertig) · 2 Eiweiß · ¼ l kaltes Wasser, Eiswürfel oder Gemüsebrühe
2 ½ l kalte Rinderbrühe

Schuhbeck empfiehlt:

» Beim Erhitzen der Hackfleisch-Eiweiß-Mischung für die Consommé darf sich kein Fleisch am Topfboden absetzen. Deshalb rührt man gelegentlich vorsichtig, bis sich das Fleisch an der Oberfläche gesammelt hat. Als Gewürze eignen sich Petersilie, Zitronenschale, schwarze Pfefferkörner, Ingwer, Zimt, Vanille und ein Schuss Sherry.
Doppelte Kraftbrühe wird wie die Consommé zubereitet. Dafür benötigt man die doppelte Menge Rindfleisch und Wasser, aber nur ein Eiweiß. «

Bouillon

1. Die Knochen waschen und in einem großen Topf in reichlich kochendem Wasser 3 Min. blanchieren. In ein Sieb abgießen und den Topf trocken reiben.

2. Fleisch im Topf im Öl rundum anbraten. Knochen dazugeben. 3 ½ l Wasser angießen. Knapp unter dem Siedepunkt 2 Std. ziehen lassen, Schaum abschöpfen.

3. Gemüse in 1 bis 2 cm große Stücke schneiden. Mit Salz und gebräunter Zwiebel zufügen. 1 Std. garen. Fleisch herausheben, Suppe durch ein feines Sieb gießen.

Consommé

1. Zwiebel, Sellerie und Karotte in Stücke schneiden. Gemüse mit dem Fleisch durch die grobe Scheibe des Fleischwolfs drehen.

2. Die Eiweiße mit dem kalten Wasser in einer Schüssel verrühren. Fleisch-Gemüse-Masse dazugeben und untermischen.

3. Hack-Eiweiß-Gemisch mit der Brühe in einem großen Topf verrühren und bei milder Hitze unter Rühren erhitzen.

4. Wenn sich das Fleisch an der Oberfläche abgesetzt hat, nicht mehr rühren. 2 Std. leicht sieden, nicht kochen lassen, sonst wird sie trüb. Das Fett von der Oberfläche abschöpfen.

5. Beim Sieden reißt die Fleischdecke an 1 oder 2 Stellen auf. Nach 2 Std. die oben schwimmende Fleischschicht mit dem Schaumlöffel vorsichtig abnehmen.

6. Brühe langsam durch ein mit einem Passiertuch ausgelegtes Sieb gießen. Fertige Kraftbrühe ist klar, gehaltvoll und enthält kein sichbares Fett. Gewürze erst bei Bedarf darin ziehen lassen.

Butternockerln & Griessnockerln

Zutaten (4 Personen)

Für die Butternockerln:
90 g Toastbrot (ca. 6 Scheiben; entrindet)
60 g weiche Butter
1 Eigelb (Zimmertemperatur)
1 Ei (Zimmertemperatur)
1 TL doppelgriffiges Mehl (Wiener Grießler)
2 TL Hartweizengrieß
Salz · frisch geriebene Muskatnuss
Cayennepfeffer
1 Lorbeerblatt
2 Scheiben Knoblauch
3 Petersilienstiele (gewaschen)

Für die Grießnockerln:
50 g weiche Butter
1 Ei (Zimmertemperatur)
80 g Weichweizengrieß
Salz
frisch geriebene Muskatnuss

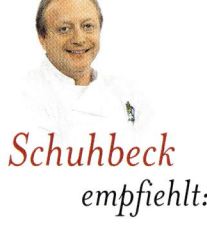

Schuhbeck empfiehlt:

» Die Nockerln können bis zum Servieren im Kochsud warm gehalten werden. Damit sie sich an der Oberfläche nicht unschön verfärben, legen Sie einfach ein Blatt Küchenpapier direkt auf die Nockerln: Es saugt sich mit Wasser voll und hält die Nockerln saftig. Dieser Trick funktioniert übrigens auch bei anderen Nockerln und Knödeln. Wenn Sie die Löffel beim Nockerlformen zwischendurch in heißes Wasser tauchen, bekommen die Nockerln eine glatte Oberfläche. «

Butternockerln

Am Vortag das Toastbrot im Küchenmixer zu Bröseln zerkleinern. Auf einem Teller offen über Nacht trocknen lassen.

Am nächsten Tag die Butter schaumig rühren. Nacheinander Eigelb und Ei unterrühren. Mehl, Grieß und Toastbrösel mischen.

Bröselmischung unter die Eiermasse rühren, mit Salz, Muskatnuss und Cayennepfeffer würzen. 10 Min. quellen lassen.

Wasser mit Lorbeer aufkochen, salzen. Knoblauch und Petersilie dazugeben und bis knapp unter den Siedepunkt abkühlen lassen.

Aus der Buttermasse mit zwei nassen Teelöffeln gleichmäßige Nockerln abstechen und in das heiße Wasser legen.

Die Butternockerln darin knapp unter dem Siedepunkt etwa 15 Min. garen, bis sie an die Oberfläche steigen.

Grießnockerln

Die Butter in einer Schüssel hellschaumig schlagen, das Ei hinzufügen und so lange rühren, bis die Masse bindet.

Den Grieß unterrühren und die Masse mit Salz und Muskatnuss würzen. Die Grießmasse bei Zimmertemperatur mindestens 1 Std. quellen lassen.

Salzwasser zum Sieden bringen. Aus der Grießmasse mit zwei nassen Teelöffeln gleichmäßige Nockerln abstechen, in das heiße Wasser legen und am Siedepunkt 15 Min. ziehen lassen.

LEBERKNÖDEL & LEBERSPÄTZLE

ZUTATEN (4 PERSONEN)

Für die Leberknödel:
½ Zwiebel · 1 EL Öl
ca. 350 g Toastbrot
1 Ei · 1 Eigelb · 1 TL scharfer Senf
300 g Kalbsleber (küchenfertig;
durch den Fleischwolf gedreht)
Salz · Pfeffer aus der Mühle
getrockneter Majoran
frisch geriebene Muskatnuss
1 Msp. abgeriebene unbehandelte
Zitronenschale
1 EL Petersilie (frisch geschnitten)
1 Lorbeerblatt
1 Streifen unbehandelte Zitronenschale

Für die Leberspätzle:
¼ Zwiebel · 1 TL Öl
40 g weiche Butter · 1 Eigelb
1 Eiweiß · 30 g Weißbrotbrösel
50 g doppelgriffiges Mehl
(Wiener Grießler)
100 g Kalbsleber (küchenfertig; durch
den Fleischwolf gedreht)
1 EL Petersilie (frisch geschnitten)
Salz · Pfeffer aus der Mühle
getrockneter Majoran
½ TL abgeriebene unbehandelte
Zitronenschale

Leberknödel

Die Zwiebel schälen, in kleine Würfel schneiden und in einer Pfanne im heißen Öl bei milder Hitze glasig dünsten.

Von dem Toastbrot die Rinde abschneiden. Die Brotscheiben in 1/2 bis 1 cm große Würfel schneiden und 250 g abwiegen.

Das Ei und das Eigelb mit dem Senf und der Kalbsleber verrühren. Die Zwiebel- und Brotwürfel untermischen.

Die Knödelmasse mit Salz, Pfeffer, 1 Prise Majoran, Muskatnuss und Zitronenschale würzen, die Petersilie unterrühren.

Aus der Knödelmasse mit angefeuchteten Händen 8 kleine Knödel drehen. In einem Topf Salzwasser zum Sieden bringen.

Lorbeer und Zitronenschale in das Kochwasser geben. Knödel darin 8 Min. mehr ziehen als köcheln lassen. Auf Küchenpapier abtropfen lassen.

Leberspätzle

Die Zwiebel schälen, in kleine Würfel schneiden und in einer Pfanne im heißen Öl glasig dünsten. Die Butter in einer Schüssel schaumig schlagen und das Eigelb unterrühren.

Eiweiß, Weißbrotbrösel und Mehl dazugeben. Zwiebel, Leber und Petersilie unterrühren und mit Salz, Pfeffer, 1 Prise Majoran und Zitronenschale würzen. In einem Topf Salzwasser zum Sieden bringen.

Lebermasse mit einer Teigkarte von einem Holzbrett oder mit dem Spätzlehobel in das Wasser hobeln. Wenn die Spätzle nach oben steigen, einmal kurz aufkochen lassen und mit der Schaumkelle herausnehmen.

Hühnersuppe & Hühnerfrikassee

Zutaten (4 Personen)

Für die Hühnersuppe:

4 Hähnchenkeulen · 2 EL Öl
1 Zwiebel (geschält)
1 Stange Staudensellerie (geputzt)
1 Karotte (geputzt und geschält)
2 Scheiben Knollensellerie (geschält)
1 Petersilienwurzel (geputzt, geschält)
1–2 EL getrocknete Champignons
6 Wacholderbeeren · 2 Lorbeerblätter
1 TL schwarze Pfefferkörner
4 Pimentkörner · 2 Gewürznelken
4 Scheiben Ingwer · 4 Petersilienstiele
1 EL Liebstöckel (frisch geschnitten)
frisch geriebene Muskatnuss

Für das Hühnerfrikassee:

½ l Hühnersuppe (siehe oben)
1–2 EL Speisestärke · ½ Zwiebel
1 Lorbeerblatt · 2 Gewürznelken
500 g Sahne · 2 Streifen unbehandelte Zitronenschale · 1 Schuss Sherry (medium dry) · Chilisalz · Muskatnuss

Schuhbeck empfiehlt:

» Sie können die Hühnersuppe im Teller auch mit einigen Tropfen Sherry verfeinern. Als Einlagen passen die Nockerln von S. 76, die Leberknödel und die Leberspätzle von S. 78.
Zum Frikassee servieren Sie am besten Frühlingsgemüse: Dafür z. B. grünen Spargel waschen, putzen und blanchieren, Baby-Karotten schälen und Frühlingszwiebeln putzen und waschen. Das Gemüse in 1 TL Butter andünsten, mit Chilisalz würzen und zum Frikassee reichen. «

Hühnersuppe

1. Die Hähnchenkeulen waschen und trocken tupfen. In einer Pfanne im Öl auf der Hautseite anbraten.

2. Die Keulen in einen Topf in 2½ l warmes Wasser legen. Zwiebel in grobe Spalten schneiden, Selleriestange längs halbieren.

3. Das Gemüse – bis auf die Pilze – in den Topf geben und die Suppe knapp unter dem Siedepunkt 50 bis 60 Min. ziehen lassen.

4. Nach 20 Min. Garzeit Pilze und ganze Gewürze hinzufügen. 5 Min. vor Ende der Garzeit die Petersilienstiele dazugeben.

5. Die Keulen herausnehmen und enthäuten. Das Fleisch auslösen und zerkleinern. Das Gemüse herausnehmen. Kerbelwurzel und Karotte in Scheiben schneiden.

6. Jeweils etwas Gemüse und Fleisch in einen tiefen Teller geben, mit Suppe aufgießen. Mit Liebstöckel bestreuen und Muskatnuss darüberreiben.

Hühnerfrikassee

1. Die Hühnersuppe in einem Topf einmal aufkochen. Die Stärke mit kaltem Wasser glatt rühren, unter die kochende Suppe mischen und alles 5 bis 6 Min. köcheln lassen.

2. Die Zwiebel außen mit Lorbeerblatt und Nelken spicken und in den Topf geben. Die Sahne, zerteiltes Hähnchenfleisch und die Zitronenschale hinzufügen und das Frikassee 1 bis 2 Min. ziehen lassen. Den Sherry unterrühren.

3. Das Fleisch herausnehmen, auf tiefe Teller verteilen. Nach Belieben 1 TL Butter unter die Sauce mixen. Je etwas Sauce über das Fleisch gießen, mit Chilisalz und Muskatnuss würzen und mit Gemüse (siehe Tipp) servieren.

MINESTRONE

ZUTATEN (4 PERSONEN)

1 Stange Staudensellerie (geputzt)
80 g feine grüne Bohnen (geputzt)
100 g Weißkohl · ½ Fenchelknolle
je 1 Zwiebel und Karotte (geschält)
je ½ kleiner Zucchino (gelb und grün; geputzt und gewaschen)
½ dünne Stange Lauch (geputzt)
2–3 Stangen grüner Spargel (geputzt)
2–3 Tomaten · je ¼–½ TL Fenchel- und Kümmelsamen
1 EL Olivenöl
200 g passierte Tomaten oder –sugo
1 l Gemüsebrühe
1 Lorbeerblatt
1 Knoblauchzehe (in Scheiben)
2 Scheiben Ingwer
1 Stück Parmesanrinde
einige Safranfäden · 1 Gewürznelke
getrockneter Oregano
Muskatnuss · Zimtrinde · Chilipulver
1 EL Mandelblättchen
ca. 4 EL Parmesan

Schuhbeck empfiehlt:

» Zur Minestrone empfehle ich ein Rucolapesto. Dafür 100 g Rucola, 2 Bund blanchierte Petersilienblätter oder blanchierten Spinat in den Küchenmixer geben. 1 geschälte Knoblauchzehe in Scheiben schneiden. 1 bis 2 EL Mandelblättchen in einer Pfanne ohne Fett anrösten. Beides in den Mixer geben. Mit Pfeffer und Zimt würzen. 80 ml mildes Oivenöl dazugeben und alles mixen. Mit Chilisalz und nach Belieben mit Vanillesalz würzen. 1 EL geriebenen Parmesan untermixen. «

Sellerie, Bohnen, Kohl und Fenchel waschen, abtropfen lassen. Alles mit Zwiebel und Karotte in Rauten oder Stücke schneiden.

Zucchino, Lauch und Spargel waschen. Das Gemüse schräg in Stücke schneiden.

Tomaten kurz blanchieren, abschrecken, enthäuten und entkernen. Das Fruchtfleisch klein schneiden.

Fenchel- und Kümmelsamen in einem Topf ohne Fett anrösten. Das Öl in den Topf geben und erhitzen.

Zwiebel, Karotte, Sellerie, Bohnen, Kohl und Fenchel dazugeben und glasig dünsten. Die passierten Tomaten dazugeben.

Mit der Brühe ablöschen. Lorbeer, Knoblauch, Ingwer und Parmesanrinde dazugeben. Etwa 10 Min. ziehen lassen.

Zucchini, Lauch, Spargel und Tomaten ebenfalls dazugeben. Mit Safranfäden, Nelke und Oregano würzen und erneut 5 bis 10 Min. ziehen lassen.

Die ganzen Gewürze und die Parmesanrinde wieder entfernen. Muskatnuss und Zimt in die Suppe reiben. Mit 1 Prise Chilipulver würzen.

Die Minestrone in Teller verteilen. Mandelblättchen daraufgeben und Parmesan hineingeben. Zum Servieren etwas Pesto (siehe Tipp) daraufgeben.

PICHELSTEINER

Zutaten (4 Personen)

ca. 400 g Kalb-, Rind- und Schweinefleisch (küchenfertig; aus der Schulter)
1–2 EL Öl
ca. 1 ½ l Gemüse- oder Fleischbrühe
2 festkochende Kartoffeln
2 Karotten
2 Zwiebeln
150 g Knollensellerie
½ Stange Lauch
200 g Weißkohl
80–100 g breite grüne Bohnen
1–2 Lorbeerblätter
1 Knoblauchzehe (in Scheiben)
2 Scheiben Ingwer
getrocknetes Bohnenkraut
Chilipulver oder Cayennepfeffer
je 1 EL Koriander-, Piment- und schwarze Pfefferkörner, ½ EL Zimtsplitter für die Gewürzmühle
frisch geriebene Muskatnuss
1 EL Petersilie (frisch geschnitten)

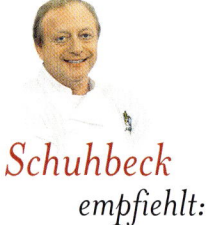

Schuhbeck empfiehlt:

» Je nach Saison können Sie auch andere Gemüsesorten für den Pichelsteiner Eintopf verwenden. Im Original werden Fleisch und Gemüse abwechselnd übereinandergeschichtet. Ich bevorzuge diese Art des Eintopfs, da das Gemüse dann nicht so verkocht. Zur besseren Verdauung des Kohls können Sie noch mit gemahlenem Kümmel würzen. Und wenn Sie den Eintopf sämiger haben möchten, drücken Sie zur Bindung 1 gekochte Kartoffel hinein. «

1 Fleisch in 1½ cm große Würfel schneiden. Das Öl in einer Pfanne erhitzen und das Fleisch darin portionsweise anbraten.

2 Fleisch in einen Topf geben, mit der Brühe aufgießen. Etwa 1 Std. knapp unter dem Siedepunkt ziehen, nicht köcheln lassen.

3 Alles Gemüse putzen, waschen bzw. schälen und klein schneiden. Kohl und Bohnen in Rauten, den Rest in Stücke schneiden.

4 Das Gemüse zum Fleisch geben. Mit Lorbeerblättern, Knoblauch, Ingwer, Bohnenkraut und 1 Prise Chilipulver würzen.

5 Nach Bedarf noch etwas Brühe dazugeben. Den Eintopf 30 Min. knapp unter dem Siedepunkt ziehen lassen.

6 Zum Schluss mit der Mischung aus der Mühle und Muskatnuss würzen. Die Petersilie darüberstreuen.

> Kopfsalatpesto

Als zusätzlichen Geschmackskick können Sie den Eintopf noch mit einem Kopfsalatpesto verfeinern. Dafür 80 g Kopfsalatblätter, 1 Bund blanchierte Petersilienblätter, 1 EL geröstete Mandeln, 1 EL frisch geriebenen Parmesan, 60 ml Olivenöl oder 60 g braune Butter, ½ Knoblauchzehe und einige Spritzer Zitronensaft im Küchenmixer pürieren. Mit Salz abschmecken. Wenn Sie dieses Pesto noch mit gedünsteten Cocktailtomaten mischen, wird daraus eine wunderbare Sauce zu Spaghetti.

GEBUNDENE SUPPEN

ZUTATEN (4 PERSONEN)

Für Kartoffelsuppe:
½ Zwiebel · 50 g Knollensellerie
(beides geschält, in Würfel geschnitten)
800 ml Gemüsebrühe
1 Karotte · 300 g Kartoffeln
(beides geschält, in Würfel geschnitten)
1 Lorbeerblatt
1 kleine getrocknete Chilischote
80 g Sahne · 20 g kalte Butter
2 Scheiben Knoblauch
(mit Salz zerdrückt)
Salz · Pfeffer aus der Mühle
je 1 Prise getrockneter Majoran und
gemahlener Kümmel
1 Msp. abgeriebene unbehandelte
Zitronenschale

Für Erbsensuppe:
1 Zwiebel · 1 EL Öl · 50 ml Weißwein
1 l Gemüsebrühe · 350 g grüne Erbsen
(tiefgekühlt) · 100 g Sahne · Salz
Cayennepfeffer · Zucker
frisch geriebene Muskatnuss

Für Kürbissuppe mit Curry:
300 g Muskatkürbisfleisch
350 ml Gemüsebrühe
je ½ TL Ingwer und Knoblauch
(geschält und gehackt)
1 EL Currypulver · 80 g Sahne
2 EL kalte Butter · Cayennepfeffer
Salz · ½ ausgekratzte Vanilleschote

Kartoffelsuppe

1. Zwiebel und Sellerie in der Brühe 10 bis 15 Min. fast weich kochen. Brühe in einen Topf abseihen, das Gemüse aufbewahren.

2. Karotte, Kartoffeln, Lorbeer, Chili in Brühe geben. Gemüse knapp unter dem Siedepunkt 30 Min. weich garen. Gewürze entfernen.

3. Sahne und Butter dazugeben und mit dem Stabmixer pürieren. Zwiebel und Sellerie sowie die Gewürze hinzufügen.

Erbsensuppe

1. Zwiebel schälen und würfeln. In einem Topf im Öl andünsten. Mit Wein ablöschen und einkochen lassen.

2. Die Brühe angießen, 15 Min. ziehen lassen. Aufgetaute Erbsen kurz darin erhitzen. In den Küchenmixer füllen.

3. Sahne hinzufügen, alles fein pürieren. Suppe erneut kurz erhitzen, mit Salz, je 1 Prise Cayennepfeffer, Zucker und Muskatnuss abschmecken.

Kürbissuppe mit Curry

1. Kürbisfleisch in 1 cm große Würfel schneiden. In der Brühe knapp unter dem Siedepunkt 20 Min. weich garen.

2. Ingwer, Knoblauch und Currypulver hinzufügen. Die Brühe mit dem Kürbisfleisch in den Küchenmixer füllen.

3. Sahne, Butter hinzufügen, pürieren. Mit 1 Prise Cayennepfeffer und Salz würzen. Mit der Vanille etwa 5 Min. ziehen lassen.

Tomatensuppe & Tomatensauce

Zutaten (4 Personen)

10 Cocktailtomaten
1 Zwiebel
1 EL Öl
1 kleine Karotte (geschält)
800 g passierte Tomaten
(aus der Dose)
1 Lorbeerblatt
350 ml Gemüsebrühe
1 Knoblauchzehe (geschält)
¼ Vanilleschote
¼ Zimtrinde
50 g Sahne oder 5 EL Olivenöl
einige Basilikumblätter
Cayennepfeffer
Piment aus der Mühle
Salz
frisch geriebene Muskatnuss

Schuhbeck empfiehlt:

» Tomatensuppe oder Tomatensauce – nur eine Frage der Konsistenz. Diese wiederum wird von der Menge der Brühe bestimmt. Die Karotte sorgt übrigens nicht nur für Geschmack, sondern auch für Farbe in der Suppe oder Sauce. Tomatenmark wäre für eine intensivere Farbe nahe liegend, würde aber zusätzlich Säure ins Spiel bringen, was hier nicht erwünscht ist. Die Vanilleschote ist ein ganz raffinierter Partner des Knoblauchs – sie macht ihn schlichtweg elegant! «

Die Cocktailtomaten waschen und klein schneiden. Die Zwiebel schälen und in kleine Würfel schneiden.

Das Öl in einem Topf erhitzen und die Zwiebel darin glasig andünsten. Die Tomaten hinzufügen und die Karotte dazureiben.

Die passierten Tomaten zum Gemüse in den Topf geben.

Lorbeerblatt dazugeben. Brühe angießen und alles bei milder Hitze 15 bis 20 Min. ziehen lassen. Knoblauch in Scheiben schneiden, mit Vanilleschote und Zimtrinde hinzufügen und weitere 5 bis 10 Min. garen.

Lorbeerblatt, Vanilleschote und Zimt aus der Suppe entfernen. Die Suppe bzw. Sauce mit dem Stabmixer pürieren, sie darf noch etwas stückig sein. Sahne oder Olivenöl untermixen.

Basilikumblätter fein schneiden und unter die Suppe bzw. Sauce mischen. Mit Cayennepfeffer, Piment, Salz und Muskatnuss abschmecken.

> ## Schnelle Tomatensauce

Dafür 650 g stückige Tomaten aus der Dose (Pizzatomaten) mit 350 ml Gemüsebrühe in einem Topf erhitzen. 1 Knoblauchzehe schälen, in Scheiben schneiden und zu den Tomaten geben. Alles mit dem Stabmixer pürieren und dabei 6 EL mildes Olivenöl einlaufen lassen. 1 Splitter Zimtrinde und einige Basilikumstiele in die Sauce geben, einige Minuten darin ziehen lassen und wieder entfernen. Mit Salz, Pfeffer, 1 Prise Zucker und nach Belieben 1 Prise mildem Chilipulver abschmecken. Diese schnelle Sauce passt sehr gut zu Nudeln, aber auch zu geschnetzeltem Huhn.

Curry-Fischsuppe

Zutaten (4 Personen)

1 kleiner Zucchino
1 Karotte
1 Stange Staudensellerie
1 Zwiebel
1 TL Öl
¾ l Gemüsebrühe
100 g Sahne
1 EL mildes Currypulver
1 EL Butter
Salz
500 g gemischte Fischfilets
(z. B. Lachs, Kabeljau; ohne Haut und Gräten; in Stücke geschnitten)
Cayennepfeffer
1 TL Olivenöl

Schuhbeck empfiehlt:

» Damit sich die Rahmsuppe gut aufschäumen lässt, sollte sie zwar heiß sein, aber nicht kochen. Die Fischwürfel bleiben schön saftig, wenn sie bei 80 bis 90 °C gar ziehen, das Wasser darf auf keinen Fall kochen.
Achten Sie bei Currypulver unbedingt auf gute Qualität – Sie werden es schmecken. «

1. Zucchino, Karotte, Sellerie und Zwiebel putzen bzw. schälen und in Scheiben schneiden. Zucchinischeiben nochmals vierteln.

2. Das Öl in einer Pfanne erhitzen, das Gemüse hinzufügen und bei mittlerer Hitze wenige Minuten bissfest dünsten.

3. Brühe und Sahne in einem Topf erhitzen. Das Currypulver und die Butter unterrühren.

4. In einem Topf Wasser zum Sieden bringen und reichlich salzen. Die Fischfiletstücke 1 Min. darin ziehen lassen (das Wasser darf nicht kochen).

5. Die Fischfiletstücke mit dem Schaumlöffel aus dem Wasser heben und zum Gemüse geben. 1 Prise Cayennepfeffer und Olivenöl dazugeben und mischen.

6. Die Curry-Sahne-Brühe mit dem Stabmixer aufschlagen und in tiefe Teller verteilen. Die Fisch-Gemüse-Mischung hinzufügen.

> ## Asia-Variante

Eine asiatische Note bekommt die Suppe, wenn Sie die Sahne durch Kokosmilch ersetzen und noch etwas Zitronengras hinzufügen. Anstelle von Sellerie und Karotten passen auch Thaispargel, Zuckerschoten, Paprika usw.
Anstatt Fischfiletwürfel können Sie auch Geflügelbrustwürfel verwenden.

Kalte Suppen

Zutaten (4 Personen)

Für Gazpacho:
180 g Salatgurke (geschält, entkernt)
150 g vollreife Tomaten (gewaschen, Stielansatz und Kerne entfernt)
180 g rote Paprikaschote (gewaschen, Stielansatz und Kerne entfernt)
⅛ l kaltes Wasser · 1 TL Rotweinessig
1 Msp. gehackte Knoblauchzehe
1 EL Olivenöl · Salz · Cayennepfeffer

Für geeiste Gurkensuppe:
2 Salatgurken · ¼ l kaltes Wasser
1 EL milder Weinessig · ½ Knoblauchzehe (gehackt) · Salz · Zucker
Cayennepfeffer · 50 g Sahne

Für Melonensuppe mit Minze:
1 Melone · Saft von ½ Zitrone
4 EL Orangensaft · 30 g Zucker
2–3 EL weißer Portwein
100 ml Prosecco · 1–2 EL Puderzucker · 1 TL Minzeblätter (frisch geschnitten)

Schuhbeck empfiehlt:

» Nicht typisch, aber auch sehr fein, schmeckt Gemüsefenchel im Gazpacho. Er wird mit den anderen Gemüsesorten untergemixt. Der Gazpacho kann auch mit einer Prise Vanillezucker abgeschmeckt werden. Wichtig ist, die Suppen nach dem Durchkühlen nochmal zu würzen, denn sie ziehen nach. Werden Gazpacho und Gurkensuppe aus gekühlten Zutaten gemacht, können Sie sie sofort servieren. «

Gazpacho

1. Gurke, Tomaten und Paprikaschote klein schneiden und in den Küchenmixer füllen.

2. Das Wasser, den Essig sowie den Knoblauch hinzufügen und alles fein pürieren.

3. Beim Mixen nach und nach das Olivenöl hinzufügen. Suppe mit Salz und 1 Prise Cayennepfeffer würzen. Gekühlt servieren.

Geeiste Gurkensuppe

1. Die Gurken schälen, der Länge nach halbieren, die Kerne mit einem Teelöffel entfernen. Gurken in kleine Würfel schneiden.

2. Gurkenwürfel mit Wasser, Essig und Knoblauch im Küchenmixer pürieren. Mit Salz, je 1 Prise Zucker und Cayennepfeffer würzen.

3. In eine Schüssel gießen, Sahne hinzufügen und nach Belieben mit Essig und Gewürzen nachwürzen. Gekühlt servieren.

Melonensuppe mit Minze

1. Melone halbieren, entkernen, mit dem Kugelausstecher aus dem Fruchtfleisch Kugeln (ca. 120 g) als Einlage ausstechen.

2. Restliches Fruchtfleisch (400 g), Zitrussäfte, Zucker und Portwein mit dem Stabmixer pürieren. Prosecco hinzufügen.

3. Melonenkugeln hinzufügen. Einige Std. zugedeckt kühl stellen. Mit Zitrone und Puderzucker abschmecken. Mit Minze garnieren.

KALBSSAUCE

ZUTATEN (CA. 1 L):

1,5 kg Kalbsknochen (gehackt)
1 Karotte (geschält)
2 Zwiebeln (geschält)
150 g Knollensellerie (geschält)
1 EL Puderzucker
1–2 EL Tomatenmark
300 ml Rotwein
½ TL Mehl
2 l Geflügel- oder Gemüsebrühe

Schuhbeck empfiehlt:

» Trockene Gewürze wie Lorbeer, Wacholderbeeren, Piment- und Korianderkörner können 15 bis 20 Min. in Gerichten ziehen. Frische Gewürze und Kräuter wie Knoblauch, Ingwer, Zitrusschalen und Rosmarin immer erst in den letzten Minuten dazugeben – so bleibt das Aroma voll erhalten. Gart man sie länger mit, verlieren sie Geschmack und werden bitter und harzig. «

Knochen auf einem Backblech im Ofen bei 200 °C auf der mittleren Schiene etwa 30 Min. rösten, bis sie braun sind.

Gemüse klein schneiden. Einen großen Topf erhitzen, den Puderzucker darin karamellisieren lassen. Das Gemüse hinzufügen.

Das Tomatenmark dazugeben und unter Rühren mitdünsten lassen, bis es etwas Farbe an das Gemüse abgibt.

Mit 100 ml Wein ablöschen und sirupartig einköcheln lassen. Vorgang zweimal wiederholen, Wein jeweils einkochen lassen.

Knochen dazugeben, Mehl darüberstäuben. Brühe angießen, bis Knochen bedeckt sind. Knapp unter Siedepunkt 2 Std. garen.

Diese Grundsauce kann variiert werden: mit dem Schöpflöffel etwas Sauce abnehmen, in eine heiße Pfanne geben und ...

... für eine Sauce mit Gewürzen 1 Knoblauchzehe in Scheiben, 1 Rosmarin-, Thymian- oder Estragonzweig und 1 TL Butter hinzufügen. Mit 1 Prise Cayennepfeffer und Salz würzen. Etwas abgeriebene unbehandelte Zitronen- oder Orangenschale hinzufügen und die Gewürze einige Minuten ziehen lassen.

... für eine Rahmsauce 3 bis 4 angedrückte Wacholderbeeren, 1 Lorbeerblatt, 5 Pimentkörner hinzufügen und die Sauce etwas einkochen lassen. 1 TL Butter unterrühren, mit Salz, Cayennepfeffer, 1 Schuss Sahne sowie abgeriebener unbehandelter Limettenschale würzen und etwas ziehen lassen.

... für eine Rotweinsauce den Boden einer Pfanne mit Puderzucker bestäuben und karamellisieren. Mit 100 ml Rotwein ablöschen, einkochen lassen. Die Grundsauce mit 1 bis 2 Scheiben Knoblauch, 1 Splitter Zimtrinde, ½ Vanilleschote, 1 TL Wacholderbeeren würzen. Eingekochten Wein, 1 TL Butter unterrühren.

Braune Butter

ZUTATEN (CA. 200 G)

250 g Butter

Schuhbeck *empfiehlt:*

» Die braune Butter ist das Olivenöl Bayerns. Sie verleiht Gerichten ein feines nussiges Aroma. Es ist übrigens nicht unbedingt nötig, sie zu filtern, auf Spargel sehen die braunen Flöckchen sogar sehr dekorativ aus. Im Kühlschrank hält sich braune Butter acht Wochen. Sie wird fest wie Butterschmalz. Man sticht einfach ein Stück davon ab, gibt es an das heiße Gericht oder lässt es in einer Pfanne schmelzen. «

1 Die Butter in einen Topf geben und mit einem Löffel etwas zerpflücken.

2 Die Butter bei milder Hitze langsam zerlassen.

3 Für geklärte Butter (Butterschmalz) den Schaum an der Oberfläche abschöpfen, für braune Butter nicht.

4 Für braune Butter die Butter 10 Min. bei milder Hitze köcheln lassen, bis sich die Molke abgesetzt hat und gebräunt ist.

5 Ein Sieb mit einem Stück Küchenpapier auslegen.

6 Die Butter in das Sieb abgießen und in einer Schüssel auffangen.

> ## Butter mit Aroma

Braune Butter etwas erwärmen, 1 bis 2 Knoblauchscheiben und ½ ausgekratzte Vanilleschote hinzufügen. Die Gewürze 5 Min. ziehen lassen. Die aromatisierte Butter z. B. über gebratenen Fisch, Spargel, Kartoffelgerichte, Gemüse oder Pürees träufeln.
Man kann der braunen Butter auch mit Rosmarin, Chilischote, Knoblauch oder Zitronenschale Aroma verleihen.

Dreierlei Butter

ZUTATEN (4 PERSONEN)

Für Rotweinbutter:
1 TL Puderzucker
100 ml kräftiger Rotwein
100 ml Portwein
100 g sehr kalte Butter (in Stücken)
Salz · Pfeffer aus der Mühle

Für Zitronen-Orangen-Butter:
4 EL Butter · ½ Knoblauchzehe
je 1 unbehandelte Zitrone und Orange
1 Scheibe Ingwer

Für Kräuterbutter:
1 Schalotte
4 EL Butter
1 Knoblauchzehe
1–2 EL Kräuterblätter (z. B. Dill,
Petersilie, Basilikum, Kerbel)
1 Scheibe Ingwer
1 Streifen unbehandelte Zitronenschale

Schuhbeck *empfiehlt:*

» Die Rotweinbuttersauce passt zu kurz gebratenem Rindfleisch sowie zu Fischfilets wie Seeteufel oder Zander.
Die Zitronen-Orangen-Butter passt sehr gut zu Kurzgebratenem, Garnelen und Fisch. Ebenso gut schmeckt dazu Korianderbutter. Dafür 1 TL Korianderkörner in einer Pfanne ohne Fett anrösten. Die Butter darin zerlassen und Knoblauch, Ingwer und Orangenschale darin ziehen lassen. Kräuterbutter schmeckt hervorragend zu Kurzgebratenem. «

Rotweinbutter

Den Puderzucker durch ein Sieb in einen Topf stäuben und bei mittlerer Hitze karamellisieren.

Rotwein und Portwein dazugeben und auf ein Drittel einkochen lassen.

Die Butterstücke nacheinander unter ständigem Rühren in die Sauce geben. Rotweinbutter mit Salz und Pfeffer abschmecken.

Zitronen-Orangen-Butter

Die Butter in einer Pfanne bei milder Hitze zerlassen.

Knoblauch schälen. Zitrone und Orange heiß waschen, trocken reiben und je 1/2 bis 1 TL Schale fein abreiben.

Knoblauch und Ingwer sowie die Zitrusschalen in die Butter geben und 3 bis 4 Min. darin ziehen lassen.

Kräuterbutter

Schalotte schälen und in kleine Würfel schneiden. 1 EL Butter in einer Pfanne erhitzen und die Schalotte darin glasig dünsten.

Den Knoblauch schälen und in Scheiben schneiden. Die Kräuterblätter waschen und trocken schütteln.

Restliche Butter mit Knoblauch, Ingwer, Zitronenschale und Kräutern in die Pfanne geben. 3 bis 4 Min. ziehen lassen.

Buttersaucen

Zutaten (4 Personen)

Für Sauce hollandaise:
1 Schalotte
⅛ l Gemüsebrühe
50 ml Weißwein
1 Schuss Weißweinessig
1 EL schwarze Pfefferkörner
3 Eier
125 g Butter
Salz
Cayennepfeffer

Schuhbeck empfiehlt:

» Keine Angst vor Hollandaise: Das A und O ist gefühlvolle Hitze beim Aufschlagen der Eigelbe – also das Wasserbad nur auf mittlerer Hitze köcheln lassen. Sollte sich die Butter nicht mit der Eimasse verbinden, liegt es daran, dass die Masse zu heiß ist. Geben Sie einfach ein paar Eiswürfel dazu, dann erhalten Sie die richtige Temperatur. Hollandaise passt natürlich zu Spargel, aber auch zu anderem Gemüse und Fleisch. «

Sauce hollandaise

Die Schalotte schälen und in kleine Würfel schneiden.

Brühe, Wein, Essig, Schalottenwürfel und Pfefferkörner in einem Topf aufkochen und um ein Drittel einköcheln lassen.

Die Eier trennen. Eigelbe in eine Schüssel geben. Die Eiweiße anderweitig verwenden.

Butter in einem Topf zerlassen. Den eingekochten Sud durch ein Sieb in eine Schüssel gießen und zu den Eigelben geben.

Die Eigelbmasse im heißen Wasserbad bei mittlerer Hitze mit dem Schneebesen zu einer schaumigen Sauce schlagen.

Die Schüssel vom Wasserbad nehmen und die flüssige Butter nach und nach unterschlagen, sodass eine sämige Sauce entsteht. Mit Salz und Cayennepfeffer würzen.

> ## Aromenvielfalt
>
> Mischen Sie noch etwas klein geschnittenen Estragon unter die Sauce hollandaise und verwenden Sie Estragonessig anstelle von Weißweinessig zum Aufschlagen – fertig ist die Sauce béarnaise.
> Zitronen-, Limetten- oder Orangen-Hollandaise erhalten Sie, wenn Sie von den jeweiligen Früchten etwas abgeriebene Schale in die Sauce geben. Oder verfeinern Sie die Sauce mit Orangensaft, etwas Ketchup …

GEMÜSESAUCEN

ZUTATEN

Für Kartoffelsauce (ca. ½ l):
50 g mehligkochende Kartoffeln
375 ml Gemüsebrühe
20 g Karotten (geschält und
in Würfel geschnitten)
30 g Knollensellerie (geschält und
in Würfel geschnitten)
1 Lorbeerblatt
1 kleine getrocknete Chilischote
40 g Sahne
1 EL Butter

Für Senfsauce (ca. 200 ml):
100 ml Gemüsebrühe
100 g Sahne
1 EL scharfer Senf
1 EL süßer Senf
1 EL kalte Butter

Schuhbeck empfiehlt:

» Für die Kartoffelsauce ist es wichtig, dass die Gemüsewürfel besonders weich gegart werden, so lässt sich die Sauce gut mixen und schmeckt sehr aromatisch.
Scharfer Senf ist zum Kochen besser geeignet als mittelscharfer. Er verliert beim Erhitzen einen Teil seiner Schärfe und verleiht den Gerichten dann eine feine, mild-scharfe Note. «

Kartoffelsauce

Die Kartoffeln schälen und in kleine Würfel schneiden. Die Brühe in einem Topf erhitzen, die Kartoffelwürfel hinzufügen.

Karotten, Sellerie, Lorbeerblatt und Chilischote in den Topf geben. Das Gemüse 15 bis 20 Min. köcheln lassen, bis es weich ist.

Lorbeerblatt und Chilischote entfernen. Sahne und Butter hinzufügen. Die Sauce mit dem Stabmixer sämig pürieren.

Senfsauce

Die Gemüsebrühe und die Sahne in eine Pfanne gießen.

Beide Zutaten mit dem Schneebesen verrühren und erhitzen.

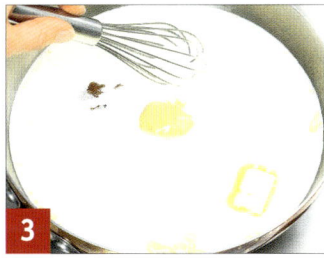

Scharfen und süßen Senf sowie die Butter hinzufügen und unterrühren. Die Sauce erhitzen, dabei nicht mehr kochen lassen.

> ## Aroma-Variationen
>
> Die Kartoffelsauce ist ideal zu Fisch oder Geflügel. Sie lässt sich durch Kräuter wie Estragon, Petersilie oder Basilikum aromatisieren, oder Sie rühren etwas Currypulver darunter. Die Senfsauce ist ein richtiger Allrounder: Mit Zitronenschale verfeinert, begleitet sie Fischgerichte, mit Orangenschale ergänzt sie eine knusprig gebratene Ente und mit Rosmarin, Knoblauch und Zitronenschale passt sie perfekt zum Steak.

Kartoffeln, Nudeln, Gemüse & Co.

Brezenknödel & Semmelknödel

Zutaten (4 Personen)

Für die Brezenknödel:
250 g Laugenbrezen oder -stangen
(2 Tage alt)
2 Eier
¼ l lauwarme Milch
frisch geriebene Muskatnuss
1 EL Petersilie (frisch geschnitten)
½ Zwiebel (in Würfel geschnitten,
in Butter farblos angedünstet)
Salz · Pfeffer aus der Mühle

Für die Semmelknödel:
300 g Semmeln (2 Tage alt)
3 Eier
¼ l lauwarme Milch
frisch geriebene Muskatnuss
½ Zwiebel (in Würfel geschnitten,
in Butter farblos angedünstet)
1 EL Petersilie (frisch geschnitten)
Salz · Pfeffer aus der Mühle

Schuhbeck empfiehlt:

» Die rohe, eingewickelte Brezenknödelmasse kann im Kühlschrank bis zu einem halben Tag aufbewahrt werden, sie eignet sich deswegen gut zum Vorbereiten.
Bereits gekochte Brezenknödel können ebenfalls im Kühlschrank aufbewahrt werden. Sie schmecken am nächsten Tag sehr gut in Scheiben geschnitten und in etwas Butter angebraten. «

Brezenknödel

1 Das Salz von den Laugenbrezen oder -stangen entfernen. Brezen oder Stangen klein schneiden und in eine Schüssel geben.

2 Die Eier in die Milch geben und mit dem Stabmixer oder Schneebesen verquirlen. Mit Muskatnuss würzen.

3 Eiermilch über die Brezen geben, Petersilie und Zwiebel unterrühren. Mit Salz und Pfeffer würzen, 20 Min. ziehen lassen.

4 Einen Bogen Alufolie ausbreiten, darauf einen Bogen Frischhaltefolie legen und die Knödelmasse längs darauf verteilen.

5 Die Masse zuerst in Frischhaltefolie wickeln, dann in Alufolie wie eine Wurst zusammenrollen. Enden fest zusammendrehen.

6 Den Brezenknödel in fast kochendem Wasser etwa 20 Min. ziehen lassen. Knödel auswickeln und aufschneiden.

Semmelknödel

1 Semmeln in dünne Scheiben schneiden. Eier in die Milch geben und mit dem Stabmixer oder Schneebesen verquirlen. Mit Muskatnuss würzen. Eiermilch zu den Semmeln geben.

2 Zwiebelwürfel und Petersilie unterrühren. Salzen, pfeffern und mit den Händen zu einer kompakten Masse verkneten. 20 Min. ziehen lassen.

3 Aus der Knödelmasse mit angefeuchteten Händen glatte Knödel drehen und in Salzwasser knapp unter dem Siedepunkt 15 bis 20 Min. ziehen lassen, bis sie nach oben steigen.

RAHMSCHWAMMERL

ZUTATEN (4 PERSONEN)

½ l Gemüsebrühe
3 EL getrocknete Pilze
(z. B. Egerlinge oder Champignons)
1–2 TL Speisestärke
1–2 Lorbeerblätter
einige Streifen unbehandelte
Zitronenschale
150 g Sahne
600 g frische Pilze (z. B. Steinpilze,
Pfifferlinge, Egerlinge, Champignons)
1 Zwiebel
2 EL Öl
einige Petersilienstiele
Salz · Pfeffer aus der Mühle
gemahlener Kümmel
Cayennepfeffer

Schuhbeck empfiehlt:

» Wichtig bei Pilzen ist, dass sie beim Garen nicht zu viel Wasser ziehen. Dann verlieren sie an Aroma und Geschmack. Deshalb dürfen Pilze nicht gewaschen, sondern nur mit einem Tuch oder Pinsel trocken abgerieben werden. Beim Braten sollten sie nebeneinander und nicht übereinander in wenig Öl in der Pfanne langsam garen. Falls nötig, portionsweise braten. Zu Rahmschwammerl passen am besten Semmel- oder Brezenknödel (siehe S. 106). «

Die Brühe aufkochen. Die getrockneten Pilze hineingeben und 20 Min. darin ziehen, nicht köcheln lassen.

Durch ein Sieb in einen Topf gießen. Die Brühe aufkochen. Die Pilze beiseitestellen und eventuell klein schneiden.

Die Stärke mit kaltem Wasser glatt rühren. Unter die Brühe mischen und alles einige Minuten köcheln lassen.

Die Lorbeerblätter, die Zitronenschale und die Sahne unterrühren. Nochmals einige Minuten köcheln lassen.

Die Pilze putzen, trocken abreiben und, falls nötig, klein schneiden. Die Zwiebel schälen und in Würfel schneiden.

Das Öl in einer Pfanne erhitzen. Die Pilze hineingeben, sodass sie nebeneinanderliegen, und bei mittlerer Hitze braten.

Die Pilze in der Pfanne schwenken oder wenden. Wenn sie leicht glänzen, die Zwiebel dazugeben und mitdünsten.

Die Petersilie waschen, trocken schütteln, die Blätter abzupfen und klein schneiden. Zu den Pilzen geben.

Die Pilze mit Salz, Pfeffer, Kümmel und 1 Prise Cayennepfeffer würzen. Die gebratenen sowie die getrockneten Pilze in die Sauce geben und servieren.

Risotto

Zutaten (4 Personen)

1 kleine Zwiebel
1 EL Olivenöl
300 g Risottoreis
60 ml Weißwein
¾–1 l heiße Gemüsebrühe
1 Lorbeerblatt
1 kleines Stück Butter
2 EL geriebener Parmesan

Schuhbeck *empfiehlt:*

» Die angegossene Flüssigkeit muss heiß sein und nach und nach dazugegeben werden, damit der Garvorgang nicht unterbrochen wird, der Reis gleichmäßig gart und der Risotto schön cremig wird. Genauso wichtig ist milde Hitze, die Flüssigkeit sollte nur ein wenig blubbern. Wird Ihr Risotto ein Fischgericht begleiten, können Sie ihn auch mit Fischbrühe oder Hummerfond (siehe S. 156) aufgießen. «

Die Zwiebel schälen und in Würfel schneiden. In einem Topf im heißen Olivenöl glasig dünsten.

Den Reis dazugeben und 1 bis 2 Min. unter Rühren mitdünsten, bis die Reiskörner glasig sind.

Den Reis mit Wein ablöschen und die Flüssigkeit vollständig einkochen lassen.

Den Risotto mit nur einer kleinen Menge heißer Gemüsebrühe aufgießen und unter gelegentlichem Rühren bei milder Hitze einköcheln lassen.

Lorbeerblatt dazugeben und immer wieder Brühe dazugießen und einköcheln lassen, bis die Reiskörner nach 15 bis 20 Min. al dente sind und der Risotto schön cremig ist.

Den Topf vom Herd nehmen, die Butter und den Parmesan dazugeben und unterrühren. Zum Servieren den Risotto nach Belieben mit geriebenem Parmesan bestreuen.

> Risotto-Variationen

Anstatt mit Parmesan können Sie den Risotto auch mit etwas Olivenöl oder grünem bzw. rotem Pesto würzen – einfach 1 oder 2 EL davon zum Schluss unterziehen. Oder Sie geben 1 EL Currypulver dazu.

Für Safran-Risotto: Einige Safranfäden in 2 bis 3 EL warmer Gemüsebrühe etwa 10 Min. ziehen lassen und 5 Min. vor Garzeitende unter den Risotto rühren. Cayennepfeffer oder eine mitgekochte Chilischote bringt Schärfe. Und der Geheimtipp für eleganten Knoblauchgeschmack ist Vanillemark mit Knoblauch.

Nudeln vorkochen & Nudeln aglio e olio

Zutaten (4 Personen)

Zum Vorkochen:
Meersalz
4 Scheiben Ingwer
1 kleine rote Chilischote (ohne Kerne)
500 g Nudeln (z. B. Tagliatelle)
ca. 3 EL Olivenöl (extra vergine)

Für die Nudeln aglio e olio:
300 ml Geflügelbrühe
6 Knoblauchzehen
3 Scheiben Ingwer
1 kleines Salbeiblatt
3 rote Chilischoten
500 g vorgekochte Nudeln
(siehe oben)
1 Handvoll Petersilienstiele
6 Cocktail- oder Oliventomaten
1 Schuss Olivenöl (extra vergine)
50 g Parmesan (am Stück)

Schuhbeck empfiehlt:

» Das Kochwasser für die Nudeln wird etwas aromatischer, wenn Sie eine gespickte Zwiebel (siehe S. 195, Step 1 oben) hineingeben. Nudeln nach dem Kochen nicht abschrecken, da sonst der Kleber abgewaschen wird, mit dem sich Nudeln und Sauce verbinden. Vorgekochte Nudeln können in einem Gefrierbeutel portionsweise eingefroren werden. Statt mit Salbei können Sie die Brühe auch mit 1 Lorbeerblatt aromatisieren. «

Nudeln vorkochen

In einem Topf reichlich Wasser mit Meersalz würzen und zum Kochen bringen. Ingwer und Chili hinzufügen.

Die Nudeln im kochenden Salzwasser etwa 4 Min. unter der auf der Packungsanweisung angegebenen Zeit kochen.

In ein Sieb abgießen und auf einem Backblech verteilen. Das Öl darüberträufeln, alles gut mischen und kühl stellen.

Nudeln aglio e olio

Die Brühe in einer tiefen Pfanne erhitzen. Den Knoblauch schälen, in Scheiben schneiden und in die Brühe geben.

Den Ingwer und den Salbei hinzufügen. Chili längs aufschneiden, entkernen, waschen und in grobe Ringe schneiden.

Chili in die Brühe geben. Nudeln ebenfalls in die Brühe geben und etwa 2 Min. unter gelegentlichem Rühren köcheln lassen.

Die Petersilie waschen, trocken schütteln und nicht zu fein schneiden. Zu den Nudeln in die Pfanne geben.

Die Tomaten waschen, trocken reiben und halbieren oder vierteln. Ebenfalls zu den Nudeln in die Pfanne geben.

Das Öl dazugießen und alles einmal durchschwenken. Den Parmesan über die Nudeln reiben und sofort servieren.

Gefüllte Nudeln

Zutaten (4 Personen)
je ca. 450 g Nudelteig (siehe Tipp)
Mehl zum Ausrollen
1 verquirltes Ei
ca. 500 g Ricotta-Füllung (siehe Tipp)
Salz

Schuhbeck empfiehlt:

» Für den Nudelteig verkneten Sie 210 g Mehl, 90 g Weizengrieß, 3 kleine Eier, 2 bis 3 EL Olivenöl und etwas Salz zu einem festen, glatten Teig und lassen ihn in Folie gewickelt mindestens 30 Min. im Kühlschrank ruhen. Für die Ricotta-Füllung mischen Sie gedünstete Zwiebelwürfel mit 1 Msp. gehacktem Knoblauch, 150 g Ricotta, 350 g blanchiertem Spinat, 40 g geriebenem Parmesan, 1 EL brauner Butter (siehe S. 96), Salz, Pfeffer und geriebener Muskatnuss. «

Maultaschen: Teig mit Mehl in nicht zu dünne, ca. 10 cm breite Bahnen ausrollen. Mit Ei bepinseln. Füllung mit einem Spritzbeutel (glatte Tülle) aufspritzen.

Die gefüllte Nudelbahn der Länge nach aufrollen.

Mit einem Kochlöffelstiel im Abstand von etwa 3 cm Maultaschen abdrücken. Durchschneiden und die Enden andrücken.

Halbmonde: Teig mit Mehl in ca. 6 cm breite Bahnen ausrollen. Mit Ei bepinseln. Im Abstand von 3 cm mit einem Teelöffel je etwas Füllung in die Mitte setzen.

Den Teig über der Füllung zusammenfalten und mit den Fingern um die Füllung herum andrücken.

Mit einem runden Ausstecher halbmondförmige Ravioli ausstechen und die Ränder ohne Luftblasen verschließen.

Runde Ravioli: Teig vierteln und mit etwas Mehl zu 4 langen, schmalen, ca. 2 mm dicken Bahnen ausrollen. Dünn mit Ei bepinseln. Auf 2 Bahnen im Abstand von 3 cm jeweils mit einem Teelöffel etwas Füllung in die Mitte setzen.

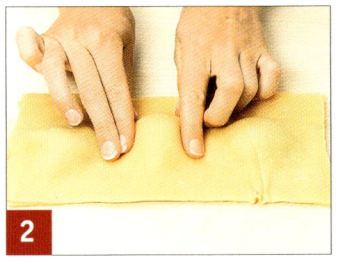

Restliche Teigbahnen möglichst locker und glatt darüberlegen und um die Füllung herum mit den Fingern etwas andrücken.

Mit einem runden Ausstecher von 4 bis 5 cm Ø Ravioli ausstechen. Die Ränder ohne Luftblasen verschließen.
Die Maultaschen, die halbmondförmigen und runden Ravioli in leicht siedendem Salzwasser 4 bis 5 Min. bissfest garen.

Fingernudeln & Kartoffelgratin

Zutaten (4 Personen)

Für die Fingernudeln:
600 g mehligkochende Kartoffeln
Salz · 1 TL Kümmelsamen
2 EL braune Butter (siehe S. 96)
2 Eigelb · 60 g doppelgriffiges Mehl
(Wiener Grießler) · 60 g Speisestärke
frisch geriebene Muskatnuss
Mehl für die Arbeitsfläche

Für das Kartoffelgratin:
1 EL Butter für die Form
400 g Sahne
1 Knoblauchzehe (geschält und
halbiert) · 2 Scheiben Ingwer
1 Streifen unbehandelte Zitronenschale
1 Thymianzweig
Salz · Pfeffer aus der Mühle
frisch geriebene Muskatnuss
1 kg mehligkochende Kartoffeln

Schuhbeck empfiehlt:

» Die Fingernudeln sind fertig, wenn sie an die Oberfläche steigen. Nach dem Abtropfen brät man sie am besten in einer Pfanne in 1 EL Öl bei mittlerer Hitze rundum goldbraun. Mit Salz und Pfeffer würzen, 2 EL Butter hinzufügen und die Fingernudeln darin wenden. Noch würziger wird das Kartoffelgratin, wenn man es zusätzlich mit 1 Prise Oregano würzt. «

Fingernudeln

Kartoffeln waschen, in Salzwasser mit Kümmel weich kochen. Abgießen, heiß pellen und durch die Kartoffelpresse drücken.

30 Min. abkühlen lassen. 500 g Kartoffeln abwiegen, mit brauner Butter und Eigelben verrühren. Mehl und Stärke mischen.

Über die Kartoffelmasse sieben und mit den Händen unterkneten. Den Teig mit Salz und Muskatnuss würzen und dritteln.

Teigdrittel auf der Arbeitsfläche mit etwas Mehl zu Rollen à 1 cm Ø formen und diese in ca. 3 cm lange Stücke schneiden.

Die Teigstücke mit leicht bemehlten Händen zu etwa 7 cm langen Nudeln mit spitzen Enden formen.

In siedendem Salzwasser 5 Min. ziehen lassen. Einmal aufkochen, herausheben und auf Küchenpapier abtropfen lassen.

Kartoffelgratin

Eine ofenfeste Form mit Butter einfetten. Die Sahne in einem Topf aufkochen und vom Herd nehmen. Knoblauch, Ingwer, Zitronenschale und Thymian in die Sahne geben und 5 Min. darin ziehen lassen.

Den Backofen auf 180 °C vorheizen. Die ganzen Gewürze wieder entfernen und die Sahne mit Salz, Pfeffer und Muskatnuss würzen. Die Kartoffeln schälen, waschen und in 2 mm dicke Scheiben hobeln.

Die Kartoffelscheiben mit der Sahne mischen und in die Form füllen. Das Kartoffelgratin im Ofen auf der mittleren Schiene etwa 40 Min. goldbraun backen.

Spätzle

Zutaten (4 Personen)

400 g doppelgriffiges Mehl (Wiener Grießler)
8 Eier
Salz
1 EL Öl
1–2 EL Olivenöl
100 ml Gemüsebrühe
1 EL Butter
Pfeffer aus der Mühle
frisch geriebene Muskatnuss

Schuhbeck empfiehlt:

» Den Spätzlehobel sollten Sie vor Gebrauch kurz in Wasser tauchen, damit der Teig nicht daran kleben bleibt.
Für das Bärlauchpesto 80 g blanchierte, ausgedrückte Spinatblätter mit 80 g Bärlauchblättern, 1 EL Parmesan, 1 EL gerösteten Mandelblättern, je 60 ml Olivenöl und brauner Butter in einem Blitzhacker fein zerkleinern. Das Pesto mit Salz, Pfeffer und 1 Spritzer Zitronensaft würzen. «

Mehl, Eier, 1 TL Salz und Öl in eine große Schüssel geben.

Alle Zutaten mit den Knethaken des Handrührgeräts verrühren.

Den Teig so lange verkneten, bis er Blasen wirft.

Teig mit dem Spätzlehobel in reichlich siedendes Salzwasser hobeln oder mit einem Messer von einem Holzbrett schaben.

Einmal kurz aufkochen lassen, mit dem Schaumlöffel herausheben. Zum Aufbewahren mit Olivenöl vermischt kühl stellen.

Spätzle zum Aufwärmen in der Brühe erhitzen, Butter dazugeben, mit Salz, Pfeffer und Muskatnuss würzen und servieren.

Für Pesto-Spätzle: Auf die frischen oder erwärmten Spätzle 2 bis 3 EL Bärlauchpesto (siehe Tipp) geben.

Das Bärlauchpesto vorsichtig unter die Spätzle mischen.

Für Pilz-Spätzle: Geben Sie zum Schluss 2 bis 3 EL getrocknete, gemahlene Champignons unter den Spätzleteig und stellen Sie ihn, wie in Schritt 4 bis 6 beschrieben, fertig. Nach Belieben mit geriebenem Käse servieren.

KARTOFFELKNÖDEL

ZUTATEN (4 PERSONEN)

Für halb rohe Kartoffelknödel:
1 kg mehligkochende Kartoffeln · Salz
1 TL Kümmelsamen · 2 Eigelb
1 schwach geh. EL Speisestärke

Für gekochte Kartoffelknödel:
1 kg mehligkochende Kartoffeln
(gekocht, passiert und ausgekühlt)
100 g Speisestärke · 2 Eigelb
5 EL braune Butter (siehe S. 96)
Salz · frisch geriebene Muskatnuss
2–3 TL Butter · 50 g Weißbrotwürfel

Für gebackene Kartoffelknödel:
500 g mehligkochende Kartoffeln
(gekocht, passiert und abgekühlt)
75 g Crème fraîche
3 EL braune Butter (siehe S. 96)
100 g doppelgriffiges Mehl
(Wiener Grießler)
Salz · frisch geriebene Muskatnuss
3 Eier (verquirlt, mit Salz, Pfeffer
und Muskatnuss gewürzt)
150 g Weißbrotbrösel · ca. ½ l Öl

Schuhbeck empfiehlt:

» Wenn Sie die Kartoffeln für die halb rohen Klöße ausdrücken, sollten Sie das ablaufende Wasser unbedingt auffangen. Nachdem es ein paar Minuten gestanden ist, setzt sich darin nämlich Stärke ab. Gießen Sie das Wasser vorsichtig ab, sodass die Stärke in der Schüssel bleibt. Mischen Sie diese Stärke unter den Knödelteig, dann können Sie sicher sein, dass die Knödel nicht zerfallen. «

Halb rohe Kartoffelknödel

1. 300 g Kartoffeln in Salzwasser mit Kümmel weich kochen. Pellen, durch die Kartoffelpresse drücken, sofort verarbeiten.

2. Inzwischen übrige Kartoffeln schälen, fein reiben. In einem Küchentuch stark ausdrücken (siehe Tipp) und auflockern.

3. Alles mit Eigelben, Stärke, Salz zu einem glatten Teig verarbeiten. Mit angefeuchteten Händen 8 Knödel drehen. In Salzwasser 20 Min. gar ziehen lassen.

Gekochte Kartoffelknödel

1. Kartoffelmasse mit Speisestärke, Eigelben, brauner Butter, Salz und Muskatnuss zu einem glatten Knödelteig verarbeiten.

2. Butter in einer Pfanne erhitzen, die Weißbrotwürfel darin goldbraun braten. Nach Belieben geschnittene Petersilie hinzufügen.

3. Den Teig mit angefeuchteten Händen zu 10 bis 12 Knödeln drehen und dabei mit Brotwürfeln füllen. In Salzwasser 20 Min. gar ziehen lassen.

Gebackene Kartoffelknödel

1. Kartoffeln mit Crème fraîche, brauner Butter, 50 g Mehl, Salz und Muskatnuss zu einem glatten Knödelteig verarbeiten.

2. Mit angefeuchteten Händen zu 12 Knödeln drehen. Diese im übrigen Mehl, Ei und Bröseln, nochmals in Ei und Bröseln wenden.

3. Das Öl auf 160 °C erhitzen. Die Knödel darin etwa 4 Min. goldbraun frittieren, auf Küchenpapier abtropfen lassen.

KARTOFFELRÖSTI

ZUTATEN (4 PERSONEN)
500 g festkochende Kartoffeln
Salz · Pfeffer aus der Mühle
frisch geriebene Muskatnuss
ca. 1 EL Öl

Schuhbeck empfiehlt:

» Für Rösti eignen sich am besten festkochende Kartoffeln, die beim Braten nicht so viel Fett aufsaugen wie mehligkochende Sorten. Verarbeiten Sie die Kartoffeln nach dem Reiben möglichst sofort weiter, damit sie ihre Farbe nicht verändern. Für Gemüserösti können Sie die Kartoffelstreifen mit Karotten-, Fenchel- oder Lauchstreifen kombinieren, für Sauerkrautrösti mischen Sie etwas rohes Sauerkraut unter. «

Die Kartoffeln waschen und mit dem Sparschäler schälen.

Die Kartoffeln längs in 1 mm dicke Streifen hobeln. Mit Salz, Pfeffer und Muskatnuss würzen, 1 bis 2 Min. stehen lassen.

Flüssigkeit mit den Händen aus den Kartoffeln drücken. Das Öl in einer beschichteten Pfanne erhitzen.

Die Kartoffelmasse darin gleichmäßig etwa ½ cm dick verteilen und etwas andrücken. Rösti bei mittlerer Hitze etwa 4 Min. goldbraun braten.

Rösti zum Wenden auf einen Teller gleiten lassen. Gegebenenfalls noch etwas Öl in die Pfanne geben und auf der zweiten Seite hell bräunen.

Rösti auf Küchenpapier kurz abtropfen lassen und in Stücke schneiden. Nach Belieben mit Apfelmus servieren.

> Rösti aus gegarten Kartoffeln

300 g festkochende Kartoffeln waschen und in einem Topf in Salzwasser mit 1 Prise Kümmel 15 Min. garen. Kalt abschrecken, heiß pellen und noch heiß auf der Gemüsereibe in grobe Streifen hobeln. Mit Salz, Pfeffer und frisch geriebener Muskatnuss würzen. In einer beschichteten Pfanne in etwa 3 EL Öl wie oben beschrieben braten. Zum Wenden nach Belieben auf einen Teller gleiten lassen und mit der ungebratenen Seite nach unten wieder in die Pfanne stürzen.

Kartoffelpüree

Zutaten (4 Personen)

1 kg mehligkochende Kartoffeln
Salz
½ TL Kümmelsamen
¼ l Milch
1 EL Butter
2 EL braune Butter (siehe S. 96)
frisch geriebene Muskatnuss

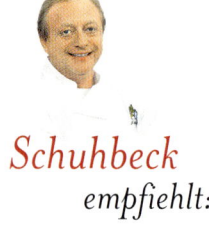

Schuhbeck empfiehlt:

» Damit das Kartoffelpüree schön locker wird, benutzt man zum Rühren am besten einen Kochlöffel und nicht den Schneebesen. Wenn Sie das Püree aufwärmen wollen, stellen Sie es in ein heißes Wasserbad oder erhitzen es unter ständigem Rühren mit einem hitzebeständigen Gummispatel in einem kleinen Topf. «

Die Kartoffeln waschen und in einem Topf in Salzwasser mit dem Kümmel weich kochen.

Die Kartoffeln abgießen, nur kurz ausdampfen lassen und heiß pellen.

Die noch heißen Kartoffeln durch die Kartoffelpresse in eine große Schüssel drücken.

Die Milch in einem Topf erhitzen und kochend heiß nach und nach mit einem Kochlöffel oder Gummispatel unter die Kartoffelmasse rühren.

Die Butter und die braune Butter hinzufügen.

Die Kartoffelmasse mit Salz und Muskatnuss würzen und alle Zutaten gut verrühren.

> ## Püree-Variationen

Kartoffelpüree können Sie immer wieder neu abwandeln, Ihrer Fantasie sind keine Grenzen gesetzt. Probieren Sie es mal mit
- Speckwürfeln und Endivienstreifen,
- abgeriebener Zitronenschale,
- Babyspinat,
- Apfelwürfeln und Apfelmus,
- Birnenwürfeln,
- gekochtem, püriertem Knollensellerie,
- gekochten, pürierten Petersilienwurzeln,
- gekochten, pürierten Karotten oder
- gekochtem, püriertem Lauch.

SELLERIEPÜREE & KÜRBISPÜREE

ZUTATEN (4 PERSONEN)

Für das Selleriepüree:

350 g Knollensellerie

100 g Sahne

Salz

50 g braune Butter (siehe S. 96)

frisch geriebene Muskatnuss

Für das Kürbispüree:

1 kg Muskatkürbis

1 Knoblauchzehe (geschält und halbiert)

je 1 Streifen unbehandelte Zitronen- und Orangenschale

2 Scheiben Ingwer

2 Thymianzweige

Salz · 70 g Sahne

½ TL Currypulver

1–2 EL braune Butter (siehe S. 96)

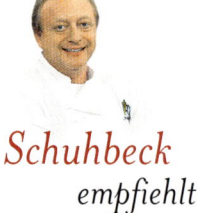

Schuhbeck empfiehlt:

» Das Selleriepüree passt zu Ente, Gans, Rinderschmorbraten und gekochtem Rindfleisch und kann auch mit fertigem Kartoffelpüree gemischt werden. Falls Sie den Sellerie vorbereiten wollen, sollten Sie ihn in mit Zitronensaft versehenes Wasser legen, dann wird er nicht braun. Statt der braunen Butter können Sie auch Nuss-, Oliven- oder Arganöl unter das Püree rühren.
Kürbispüree passt ausgezeichnet zu Fisch. «

Selleriepüree

1 Sellerie putzen, schälen und würfeln. Sahne mit Salz würzen, erhitzen und den Sellerie darin zugedeckt 20 Min. weich garen.

2 Den Sellerie mit dem Kochsud in einen hohen Rührbecher geben und mit dem Stabmixer nicht zu fein pürieren.

3 Die braune Butter unterrühren. Das Selleriepüree mit Salz, Muskatnuss und nach Belieben Chilipulver abschmecken.

Kürbispüree

1 Den Backofen auf 200 °C vorheizen. Den Kürbis vierteln, entkernen, schälen und in 2 cm große Würfel schneiden.

2 Die Kürbiswürfel in eine ofenfeste Form geben. Die ganzen Gewürze dazugeben und mit etwas Salz würzen.

3 Die Form mit Alufolie verschließen und den Kürbis im Ofen auf der mittleren Schiene etwa 1 Std. weich garen.

4 Kürbis aus dem Ofen nehmen, ganze Gewürze entfernen. Kürbisfruchtfleisch in ein mit einem Küchentuch ausgelegtes Sieb geben.

5 Kürbis kräftig ausdrücken, sodass er auf die Hälfte seines Volumens reduziert wird. Kürbisfleisch im Küchenmixer pürieren.

6 Sahne und Curry in einem Topf erhitzen und das Kürbispüree unterrühren. Braune Butter hinzufügen, das Püree salzen.

Bratkartoffeln & Kartoffelsalat

Zutaten (4 Personen)

Für den Kartoffelsalat:
1 kg festkochende Kartoffeln
Salz · 1 EL Kümmelsamen
400 ml Gemüse- oder Geflügelbrühe
Pfeffer aus der Mühle
1 EL scharfer Senf
1 Schuss Rotweinessig · Zucker
8 Radieschen (in Scheiben geschnitten)
1 Handvoll Kresse
(oder Brunnenkresse)
3 EL braune Butter (siehe S. 96)
2–3 EL Zwiebelwürfel
(in Butter und etwas Brühe gedünstet)

Für die Bratkartoffeln:
1 kg festkochende Kartoffeln
1 EL Öl · 1 Zwiebel
Salz · ½–1 TL getrockneter Majoran
¼–½ TL gemahlener Kümmel
Pfeffer aus der Mühle
1 EL Petersilie (frisch geschnitten)
1 EL Butter

Schuhbeck *empfiehlt:*

» Die braune Butter kommt erst zum Schluss an den Kartoffelsalat, damit das Fett die Kartoffeln nicht isoliert und diese sich ausreichend mit der Salatsauce vollsaugen können. Ein bayerischer Klassiker ist übrigens der Kartoffel-Gurken-Salat. Dafür einfach Gurkenscheiben unter den Salat mischen. Probieren Sie Kartoffelsalat aber auch mal mit angedünsteten Pfifferlingen, Kürbis, Bärlauch, Rucola, Tomaten, Oliven… «

Kartoffelsalat

Kartoffeln in einem Topf in Salzwasser und mit dem Kümmel 15 bis 20 Min. weich garen.

Die Kartoffeln noch warm pellen, in dünne Scheiben schneiden und in eine Schüssel geben.

In einer zweiten Schüssel die Brühe mit Salz, Pfeffer, Senf, Essig und 1 Prise Zucker verrühren.

Einige Kartoffelscheiben zur Brühe geben und mit dem Stabmixer pürieren, bis eine sämige Sauce entstanden ist.

Sauce nach und nach mit den Kartoffelscheiben vermischen. Radieschen und Kresse dazugeben. Salat 15 Min. ziehen lassen.

Zum Schluss braune Butter und Zwiebelwürfel untermischen. Den Salat bei Zimmertemperatur 10 bis 15 Min. ziehen lassen.

Bratkartoffeln

Die gegarten Kartoffeln (siehe Kartoffelsalat oben) schälen und in dicke Scheiben schneiden. Die Kartoffelscheiben im Öl in einer Pfanne nebeneinanderliegend bei milder bis mittlerer Hitze ganz langsam braten.

Die Kartoffeln wenden, wenn sie anfangen braun zu werden. Die Zwiebel schälen, in Streifen schneiden und hinzufügen. Mitbraten und zwischendurch schwenken.

Die Kartoffeln zum Schluss mit Salz, Majoran, Kümmel und Pfeffer würzen. Die Petersilie dazugeben und die Butter in der Pfanne schmelzen lassen, dabei die Bratkartoffeln immer wieder schwenken.

TIROLER GRÖSTL

ZUTATEN (4 PERSONEN)

500 g gegarte festkochende Kartoffeln (gepellt und ausgekühlt)
½–1 EL Öl
ca. 5 EL braune Butter (siehe S. 96)
4 Eier · 1 kleine Zwiebel
150 g breite Bohnen (geputzt und blanchiert) · 2 Debreczinerwürste
400 g gegartes Rindfleisch (1–2 Scheiben; abgekühlt)
8–10 Cocktailtomaten (gewaschen)
100–150 g kleine Pfifferlinge (geputzt)
½–1 Knoblauchzehe (in Scheiben)
2 Scheiben Ingwer
1 kleine rote Chilischote (gewaschen und nach Belieben entkernt)
gemahlener Kümmel · getrockneter Majoran · etwas abgeriebene unbehandelte Zitronenschale
Salz · Pfeffer aus der Mühle
einige Streifen Speck (ausgelassen)
2 EL Petersilie (frisch geschnitten)

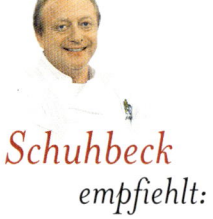

Schuhbeck empfiehlt:

» Für die Bratkartoffeln sollten Sie nicht zu viele Kartoffeln in die Pfanne geben, damit sie schön knusprig braten. Sie können das Spiegelei natürlich auch ohne den Ring in einer kleinen Pfanne braten. Statt dem Spiegelei können Sie das Ei auch direkt über das Gröstl in die Pfanne schlagen und unter Rühren mitbraten. Ersetzen Sie das Rindfleisch doch einmal durch Kalb-, Schweine- oder Lammfleisch. «

Die Kartoffeln in Scheiben schneiden und in einer großen Pfanne im Öl portionsweise goldbraun und knusprig braten.

In einer Pfanne je 1 EL braune Butter erhitzen und je 1 Ei im Metallring darin bei milder Hitze langsam braten.

Die Zwiebel schälen und in grobe Würfel schneiden. Die Bohnen in ½ bis 1 cm breite Stücke schneiden.

Debrecziner in ½ bis 1 cm dicke Scheiben schneiden. Rindfleisch erst in ½ cm dicke Scheiben, dann in 2 cm große Stücke schneiden. Tomaten halbieren.

Zwiebel und Pilze in einer Pfanne in 1 EL brauner Butter mit Knoblauch und Ingwer glasig dünsten. Chili dazugeben. Bohnen, Würste, Fleisch, Tomaten hinzufügen und mitdünsten.

Mit je 1 Prise Kümmel und Majoran, Zitronenschale, Salz und Pfeffer würzen. Die Bratkartoffeln untermischen, mit Speck und Petersilie bestreuen und die Spiegeleier obenauf setzen.

> ## Gröstl-Variationen

Sie können unter das Gröstl auch noch geviertelte Champignons und Essiggurkenscheiben rühren. Falls Sie noch Braten- oder Kalbssauce haben, können Sie am Schluss noch einige Esslöffel davon unter das Gröstl rühren – so wird es glasiert und schmeckt noch saftiger. Statt Kartoffeln eignen sich auch Semmel- oder Kartoffelknödel für das Pfannengericht: Einfach in Scheiben schneiden und wie die Kartoffeln anbraten.

SAUERKRAUT

ZUTATEN (4 PERSONEN)
1 große Zwiebel
1 EL Öl
800 g Sauerkraut (aus der Dose)
100 ml Weißwein
400 ml Gemüsebrühe
1 Stück Speckschwarte oder 1 dicke Scheibe durchwachsener Speck
5 schwarze Pfefferkörner
2 Wacholderbeeren (leicht angedrückt)
1 Lorbeerblatt
2 EL Apfelmus (aus dem Glas)
1 EL Butter
Salz · Cayennepfeffer
Zucker

Schuhbeck empfiehlt:

» Das Apfelmus gebe ich erst gegen Ende der Garzeit dazu, dann legt das Kraut am Topfboden nicht so leicht an. Apfelmus bringt eine fruchtige Note ins Kraut und gibt ihm eine leichte Bindung.
Sauerkraut passt gut zur g'surten und gebratenen Schweinshaxe (siehe S. 194) und zu Rostbratwürsteln. Champagnerkraut harmoniert mit Wildgeflügel wie Fasan, Kokos-Curry-Kraut schmeckt zu Hähnchen. «

1 Die Zwiebel schälen und in kleine Würfel schneiden. Das Öl in einem Topf erhitzen und die Zwiebel darin glasig dünsten.

2 Das Sauerkraut dazugeben und kurz mitdünsten. Mit Wein ablöschen und diesen fast vollständig einkochen lassen.

3 Die Brühe dazugießen und den Speck hinzufügen. Das Sauerkraut bei milder Hitze etwa 45 Min. garen.

4 Pfeffer, Wacholderbeeren und Lorbeerblatt in ein Gewürzsäckchen oder in einen Einwegteebeutel füllen und verschließen.

5 Nach 30 Min. Garzeit das Apfelmus unter das Sauerkraut rühren und das Gewürzsäckchen dazugeben.

6 Am Garzeitende das Gewürzsäckchen entfernen. Die Butter unterrühren. Kraut mit Salz, Cayennepfeffer und Zucker würzen.

> Kraut-Variationen

Für Rahmkraut das Sauerkraut, wie oben beschrieben, zubereiten. Am Ende der Garzeit 50 g Sahne und 3 EL Butter unterrühren.
Für Champagnerkraut ersetzen Sie den Weißwein durch Champagner.
Für Kokos-Curry-Kraut das Sauerkraut mit ¼ l Gemüsebrühe und 150 g Kokosmilch (aus der Dose) zubereiten. Mit 1 bis 2 TL Currypulver würzen.

Bayerisches Kraut

ZUTATEN (4 PERSONEN)

1 Zwiebel

1 kg junger Weißkohl

2 TL Puderzucker

1 Scheibe Bauchspeck (½–1 cm dick)

50 ml naturtrüber Apfelsaft

80 ml trockener Weißwein

ca. 100 ml Gemüsebrühe

gemahlener Kümmel oder Kümmelsamen

getrockneter Majoran

1–2 EL Petersilie (frisch geschnitten)

etwas abgeriebene unbehandelte Zitronenschale

1 EL braune Butter (siehe S. 96) oder Butter

Salz · Cayennepfeffer

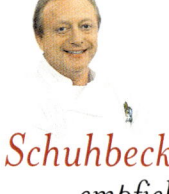

Schuhbeck empfiehlt:

» Das Bayerische Kraut passt wunderbar zu Dampfnudeln, Schweinebraten oder Fisch. Falls einmal etwas übrig beiben sollte, schmeckt das Kraut auch am nächsten Tag aufgewärmt noch sehr gut.
Statt der Scheibe Bauchspeck können Sie auch etwa 50 g durchwachsenen Speck in kleine Würfel schneiden, die Schwarte entfernen und knusprig braten. Die Speckwürfel dann mit der Petersilie zum Kraut geben. «

1. Die Zwiebel schälen und in grobe Rauten schneiden. Den Weißkohl putzen und die äußeren Blätter entfernen.

2. Den Kohl in die einzelnen Blätter zerteilen, die Blattrippen herausschneiden und die Blätter in Rauten schneiden.

3. Puderzucker in einem Topf hell karamellisieren. Zwiebelrauten darin andünsten, Speck dazugeben, kurz mitdünsten.

4. Das Kraut hinzufügen und ebenfalls etwas mitdünsten. Mit Saft und Wein ablöschen und etwas einköcheln lassen.

5. Die Brühe angießen, das Kraut mit je 1 Prise Kümmel und Majoran würzen und zugedeckt etwa 10 Min. dünsten.

6. Den Speck entfernen. Die Petersilie, die Zitronenschale und die braune Butter unterrühren. Das Bayerische Kraut mit Salz und Cayennepfeffer würzen.

> ## Bayerisches Kraut mit Quitte

Sehr gut schmeckt auch Bayerisches Kraut mit Quitte. Dafür 1 Quitte schälen, vierteln, entkernen und in 1/2 cm große Würfel schneiden. Mit dem geschnittenen Kraut in den Topf geben und, wie oben beschrieben, fertig stellen.
Für Bayerisches Kraut mit Birnen ersetzt man die Quitte durch nicht allzu weiche Birnen.

Spargel garen

Zutaten (4 Personen)

Für gekochten Spargel:
1 kg weißer oder grüner Spargel
3–4 EL Salz · 2–3 EL Zucker

Für gedämpften Spargel:
1 kg weißer und grüner Spargel
2 Streifen unbehandelte Zitronen-
oder Orangenschale
2 Scheiben Ingwer
2 Petersilienstiele
1 TL schwarze Pfefferkörner

Für gebratenen Spargel:
600 g weißer oder grüner Spargel
(geschält)
1–2 TL Puderzucker
70 ml Gemüsebrühe

Schuhbeck *empfiehlt:*

» Wenn Sie den gebratenen Spargel strahlend weiß mögen, einfach den Puderzucker bei milder Hitze nur hell schmelzen lassen. Aus den Spargelschalen können Sie einen Spargelfond zubereiten: Die Schalen in einem großen Topf mit Gemüsebrühe bedecken und knapp unter dem Siedepunkt etwa 20 Min. ziehen lassen. Durch ein Sieb gießen. Den Fond zum Aufgießen von Risotto verwenden oder mit einem Schuss Sahne verfeinern und als Suppe servieren. «

Spargel kochen

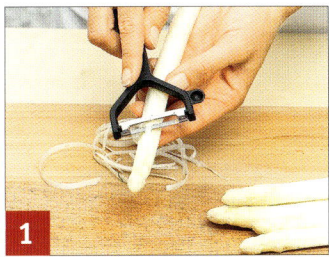

1. Weißen Spargel vom Kopf bis zu den Enden, grünen Spargel nur im unteren Drittel schälen. Die Enden abschneiden.

2. Den Spargel mit 4 l Wasser, Salz und Zucker in einen breiten Topf geben und je nach Dicke 6 bis 10 Min. bissfest garen.

3. Den Spargel sofort servieren oder kurz in kaltem Wasser abschrecken und nach Belieben marinieren.

Spargel dämpfen

1. Spargel schälen (s. oben). In einem Dämpftopf wenig Wasser mit Zitrusschalen, Ingwer, Petersilie und Pfeffer aufkochen.

2. Den passenden Dämpfeinsatz in den Topf über den kochenden Kräutersud setzen.

3. Spargel in den Einsatz legen, den Deckel aufsetzen und Spargel etwa 10 Min. (grünen Spargel ca. 7 Min.) bissfest dämpfen.

Spargel braten

1. Spargel schälen (siehe oben). In schräge, 1/2 cm dicke Stücke schneiden. Puderzucker in einer Pfanne hell karamellisieren.

2. Spargel hinzufügen und andünsten. Löffelweise mit Brühe ablöschen und 6 bis 8 Min. unter gelegentlichem Rühren garen.

3. Für eine Beilage Butter, Petersilie, Salz und Pfeffer hinzufügen. Für Salat mit Zitronensaft, Öl, Salz und Pfeffer mischen.

Rahmspinat & Mangold

Zutaten (4 Personen)

Für den Rahmspinat:
800 g Blattspinat
ca. 150 ml Gemüsebrühe
200 g Sahne · 5 Scheiben Knoblauch
2 Scheiben Ingwer
Saft und Schale von ¼ unbehandelten
Zitrone · frisch geriebene Muskatnuss
je 2 EL Butter und braune Butter
(siehe S. 96) · Chilipulver
1 EL Mandelblättchen

Für den Mangold:
4 Blätter Mangold · Salz
1 TL Puderzucker
1–2 EL Schalottenwürfel
3–5 Sardellenfilets · 1 EL Kapern
5 Scheiben Knoblauch
1 ausgekratzte Vanilleschote
ca. 100 ml Gemüsebrühe
2 EL Tomatenwürfel
1 EL Granatapfelkerne · Butter
Olivenöl · Chilipulver
frisch geriebene Muskatnuss

Schuhbeck empfiehlt:

» Mangold passt zu Fisch, Kalbfleisch und Geflügel. Durch das Abschrecken in Eiswasser wird der Garprozess beim Blanchieren unterbrochen, und hitzeempfindliche Vitamine werden geschont. Rahmspinat sollte nicht warm gehalten, sondern möglichst frisch verzehrt werden. So hat er eine kräftige grüne Farbe und schmeckt am besten. Der Spinat bekommt eine besondere Note, wenn er mit frisch gehobeltem weißem Trüffel oder ein paar Tropfen Trüffelöl verfeinert wird. «

Rahmspinat

Den Spinat verlesen, waschen und grobe Stiele entfernen. Die Brühe in eine heiße tiefe Pfanne gießen.

Etwa die Hälfte vom Spinat in der Brühe kurz zusammenfallen lassen. Die Sahne angießen und nur kurz köcheln lassen.

Spinat, Brühe und Sahne in einen Rührbecher geben und mit dem Stabmixer pürieren, wieder in die Pfanne gießen.

Die restlichen ganzen Spinatblätter hinzufügen. Den Knoblauch, den Ingwer und den Zitronensaft hinzufügen.

Je etwas Zitronenschale und Muskatnuss darüberreiben. Butter und braune Butter hinzufügen, mit Chilipulver würzen.

Die Mandeln in einer beschichteten Pfanne ohne Fett anrösten und kurz vor dem Servieren über den Rahmspinat streuen.

Mangold

Den Mangold waschen. Die Stiele aus den Blättern schneiden, putzen und in Streifen schneiden. Die Blätter und die Stiele getrennt in siedendem Salzwasser etwa 2 und 3 Min. blanchieren.

Herausnehmen und in Eiswasser abschrecken. Die Blätter in mundgerechte Stücke zupfen und ausdrücken. Stiele in einer Pfanne im Puderzucker andünsten, Schalotte dazugeben und Mangoldblätter unterrühren.

Sardellen klein schneiden, mit den Kapern dazugeben. Knoblauch, Vanille und Brühe hinzufügen. Tomate, Granatapfelkerne, Butter und Öl unterrühren. Den Mangold mit Salz, Chili und Muskatnuss würzen.

Fisch & Meeresfrüchte

Gedämpfter Kabeljau & Gebratene Dorade

Zutaten

Für den Kabeljau (2 Pers.):
2 EL grüne Oliven (entsteint)
1 EL Meersalz
1 Lorbeerblatt
1 TL Fenchelsamen
2 Knoblauchzehen (geschält und halbiert)
1 Chilischote · 2 Scheiben Ingwer
1 Kabeljaufilet (ca. 250 g; ohne Haut und Gräten)
1–2 EL Butter
2 Streifen Zitronenschale
1 Thymianzweig
Salz · Pfeffer aus der Mühle

Für die Dorade (1 Pers.):
1 Doradenfilet (ca. 100 g; mit Haut, ohne Gräten) · 1 EL Öl
1 Kartoffelscheibe
Salz · Pfeffer aus der Mühle

Schuhbeck *empfiehlt:*

» Die Pfanne vom Herd zu nehmen und auf einen umgedrehten Teller zu stellen ist eine einfache und zugleich raffinierte Technik, um das zarte Filet langsam auf den Punkt zu garen. Der Teller verhindert, dass die Resthitze der Pfanne zu rasch an die Unterlage abgegeben wird, wie das beispielsweise bei einer Arbeitsplatte aus Stein der Fall wäre. Natürlich können Sie die Pfanne auch auf ein Topfgitter stellen. «

Gedämpfter Kabeljau

1. Die Oliven fein hacken und mit dem Meersalz in einem Schälchen vermischen.

2. Wasser in einem passenden Topf erhitzen. Oliven, Lorbeer, Fenchel, 1 Knoblauchzehe, Chilischote und Ingwer dazugeben.

3. Das Dämpfkörbchen aus Bambus auf den siedenden Sud in den Topf setzen.

4. Das Fischfilet waschen, trocken tupfen und in nicht zu kleine Stücke schneiden.

5. Die Filetstücke in das Dämpfkörbchen legen und zugedeckt 7 bis 8 Min. garen.

6. Butter, restlichen Knoblauch, Zitronenschale und Thymian in einer Pfanne erwärmen und ziehen lassen. Salzen, pfeffern und über den Fisch träufeln.

Gebratene Dorade

1. Das Doradenfilet waschen und trocken tupfen. Das Öl in einer Pfanne erhitzen.

2. Den Fisch auf der Hautseite im Öl bei milder Hitze leicht anbraten. Damit das Filet am dünnen Ende nicht zu lange gart, nach etwa 1 Min. die Kartoffelscheibe unterlegen.

3. Wenn die Fileträrder weiß werden, den Fisch wenden, dabei die Kartoffel entfernen. Die Pfanne vom Herd nehmen, auf einen umgedrehten Teller stellen und das Filet gar ziehen lassen. Mit Salz und Pfeffer würzen.

Karpfen in Bierteig

Zutaten (4 Personen)

je 1 EL Pimentkörner, Kümmelsamen,
Zimtrindensplitter, Wacholderbeeren
und schwarze Pfefferkörner
80 g doppelgriffiges Mehl
(Wiener Grießler)
80 g Speisestärke · ¼ l Bier
800 g Karpfenfilet (ohne Haut)
Salz
70 g Butterschmalz
70 ml Öl
100 g saure Sahne
1 TL scharfer Senf
Zitronensaft
1 EL Schnittlauchröllchen
Salz · Cayennepfeffer · Zucker

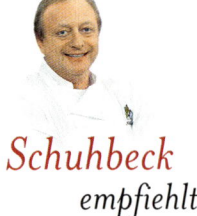

Schuhbeck empfiehlt:

» Die Speisestärke in der Panade sorgt dafür, dass die Teighülle beim Ausbacken besonders knusprig wird. Statt Bier können Sie Wein zum Panieren verwenden. Kabeljau oder andere Fischsorten eignen sich ebenfalls für diese Art der Zubereitung. Für die Schnittlauchsauce können Sie statt der sauren Sahne auch Crème fraîche, Joghurt oder Schmand nehmen. «

Für die Panade Piment, Kümmel, Zimt, Wacholderbeeren und Pfefferkörner in eine Gewürzmühle füllen.

Mehl mit der Stärke auf einem Teller mischen und mit der Mischung aus der Mühle würzen. Bier in eine Schüssel füllen.

Das Karpfenfilet waschen und mit Küchenpapier trocken tupfen.

Das Fischfilet in 4 bis 5 cm große Stücke schneiden, dabei mit einem scharfen Messer die Gräten entfernen.

Fischstücke mit Salz würzen. Erst in der Mehlmischung wenden, durch das Bier ziehen und zuletzt erneut im Mehl wenden.

Den Paniervorgang noch einmal wiederholen. Das Butterschmalz mit dem Öl in einer tiefen Pfanne erhitzen.

Die panierten Karpfenstücke darin bei milder Hitze portionsweise rundum hellbraun ausbacken. Mit dem Schaumlöffel herausheben und auf Küchenpapier abtropfen lassen.

Für die Sauce die saure Sahne in einer kleinen Schüssel mit dem Senf und 1 EL Zitronensaft verrühren. Den Schnittlauch unterrühren und die Sauce mit Salz und je 1 Prise Cayennepfeffer und Zucker würzen.

Den Karpfen im Bierteig mit Zitronensaft beträufeln, mit der Schnittlauchsauce und einem knackigen gemischten Salat servieren.

Forelle gebraten & gedämpft

Zutaten

Für die gebratene Forelle (1 Pers.):
1 ganze Forelle (250–300 g; küchenfertig)
Salz · Pfeffer aus der Mühle
1 Petersilienstiel
1–2 Streifen unbehandelte Zitronenschale
100 g doppelgriffiges Mehl (Wiener Grießler)
2–3 EL Öl
einige Spritzer Zitronensaft

Für die gedämpfte Forelle (2 Pers.):
2 EL Weißweinessig
1 Lorbeerblatt
3 Wacholderbeeren
1 Thymianzweig · 2 Petersilienstiele
½–1 TL schwarze Pfefferkörner
1 Streifen unbehandelte Zitronenschale
2 Zwiebelscheiben (ca. ½ cm dick)
1–2 EL Karottenscheiben
2 Forellenfilets (à ca. 80 g; mit Haut, ohne Gräten)

Schuhbeck empfiehlt:

» Frisch gefangene Fische sollten Sie immer einen Tag im Kühlschrank ruhen lassen, bevor Sie sie zubereiten. So kann sich das Fleisch entspannen und die Gräten lassen sich einfacher aus den Filets zupfen. Auch beim Braten merken Sie den Unterschied: Wenn sich ein Fischfilet stark wölbt, ist es zu frisch. Lediglich die Forelle blau macht eine Ausnahme: Ihre Blaufärbung ist intensiver, wenn sie fangfrisch gekocht wird. «

Forelle gebraten

1. Forelle waschen, trocken tupfen und innen mit Salz und Pfeffer würzen. Den Fisch mit Petersilie und Zitronenschale füllen.

2. Mehl auf einen Teller geben, die Forelle darin wenden. Backofen auf 100 °C vorheizen. In einer großen beschichteten Pfanne das Öl erhitzen.

3. Den Fisch in der Pfanne auf beiden Seiten einige Minuten braten. Im Ofen auf einem Blech 25 bis 30 Min. glasig durchziehen lassen. Mit Salz und Pfeffer würzen, mit Zitronensaft beträufeln.

Forelle gedämpft

1. In einem für das Dämpfkörbchen passenden Topf 2 cm hoch Wasser füllen und den Essig hinzufügen. Alle Gewürze sowie Zwiebel- und Karottenscheiben dazugeben.

2. Den Dämpfsud erhitzen. Das Dämpfkörbchen in den Topf stellen. Die Fischfilets waschen, trocken tupfen und in den Dämpfeinsatz legen.

3. Den Deckel auflegen und die Fischfilets bei milder Hitze etwa 3 Min. saftig durchgaren.

> Forellenfilets aus dem Ofen

Sie können das Forellenfilet auch im Ofen garen: Mit der Hautseite nach oben auf einen mit Butter eingefetteten, ofenfesten Teller legen, mit Frischhaltefolie bedecken und mit der Folie im auf 90 bis 100 °C vorgeheizten Backofen etwa 15 Min. garen. Herausnehmen, nach Belieben die Haut abziehen und das Forellenfilet mit Salz, Pfeffer und Zitronensaft würzen und mit mildem Olivenöl beträufeln.

LACHSFORELLE IN DER SALZKRUSTE

ZUTATEN (4 PERSONEN)

1 Lachsforelle
(800–1000 g; küchenfertig)
2 Petersilienstiele
1 Scheibe unbehandelte Orange
2 Scheiben unbehandelte Limette
Fenchelsamen
1 kleines Lorbeerblatt
2 Scheiben Knoblauch
½ TL schwarze Pfefferkörner
5 Eiweiß
1 ½ kg grobes Meersalz
3 EL Mehl
3 EL Speisestärke

Schuhbeck empfiehlt:

» Durch das Garen in der Salzkruste wird der Fisch sehr saftig, zart und aromatisch. Besonders fein schmeckt die Forelle, wenn sie beim Anrichten mit Basilikum-Limetten-Öl beträufelt wird. Dafür 6 bis 8 EL mildes Olivenöl mit 1 bis 2 EL klein geschnittenem Basilikum und 1 TL abgeriebener unbehandelter Limettenschale mischen. Nach Belieben mit Chilisalz würzen. «

1. Lachsforelle innen und außen unter fließendem kaltem Wasser waschen, trocken tupfen und die Flossen abschneiden.

2. Die Petersilie waschen und trocken schütteln. Die Orangenscheibe halbieren.

3. Beides mit Limettenscheiben, 1 Prise Fenchelsamen, Lorbeerblatt, Knoblauch und Pfefferkörnern in die Bauchhöhle geben.

4. Den Backofen auf 200 °C vorheizen. Für die Salzkruste die Eiweiße in einer Schüssel schaumig, aber nicht steif schlagen.

5. Das Meersalz, das Mehl und die Stärke unter die Eiweiße rühren. Ein Backblech mit Backpapier auslegen.

6. Auf dem Blech aus knapp der Hälfte der Salzmasse einen Sockel in Fischgröße formen.

7. Den Fisch auf den Salzsockel legen und mit der restlichen Salzmasse bedecken.

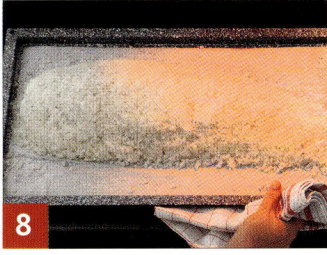

8. Die Lachsforelle im Ofen auf der mittleren Schiene etwa 40 Min. backen.

9. Die Salzkruste erst am Tisch aufklopfen oder mit einem Brotmesser einen Deckel abschneiden. Die Haut von der Forelle entfernen, die Filets auslösen und auf Teller verteilen.

Saibling in der Folie

Zutaten (4 Personen)

4 Saiblinge
(à ca. 300 g; küchenfertig)
Salz · Pfeffer aus der Mühle
einige Petersilienblätter
4 kleine Stiele Fenchelkraut oder Dill
4 EL Olivenöl zum Bestreichen
30 g kalte Butter
4 Scheiben Ingwer
4 Scheiben Knoblauch
4 Scheiben unbehandelte Zitrone
4 Lorbeerblätter

Schuhbeck empfiehlt:

» Zu den Saiblingen passen Petersilienkartoffeln und eine Weißweinbutter. Dafür 1 EL Puderzucker in einem Topf karamellisieren. Mit je 100 ml weißem Portwein und trockenem Weißwein ablöschen und auf zwei Drittel einköcheln lassen. 100 g kalte Butterstücke untermixen und je 1 Streifen unbehandelte Zitronen- und Orangenschale darin 2 Min. ziehen lassen. Die Weißweinbutter salzen und pfeffern. «

1. Die Saiblinge innen und außen unter fließendem kaltem Wasser waschen, trocken tupfen und mit Salz und Pfeffer würzen.

2. Petersilienblätter und Fenchelkraut waschen und trocken tupfen. Den Backofen auf 160 °C vorheizen.

3. Vier Blätter Alufolie mit Öl bestreichen und die Butter in Flöckchen darauf verteilen. Die Saiblinge darauflegen.

4. Ingwer, Knoblauch, Zitronenscheiben, Lorbeerblätter, Petersilienblätter und Fenchelkraut in die Bauchhöhlen verteilen.

5. Die Alufolie über den Fischen zusammenfalten und verschließen. Die Saiblinge im Ofen auf der mittleren Schiene etwa 30 Min. garen.

6. Die Saiblinge aus dem Ofen nehmen, nach Belieben die Folie öffnen und auf vorgewärmten Tellern anrichten oder in der Folie servieren.

> ## Fisch-Variationen

Statt dem Saibling können Sie natürlich auch jeden anderen Fisch auf diese Weise zubereiten. Durch die Folie bleibt der Fisch besonders saftig, trotzdem sollte er nur so lange wie nötig im Ofen garen.
Zum Servieren kann etwas Zitrusöl über die Fische geträufelt werden: Dafür 6 EL Olivenöl mit je etwas abgeriebener unbehandelter Zitronen- und Orangenschale verrühren.

Muscheln mit Gemüsesud

Zutaten (2 Personen)

ca. 1 kg Miesmuscheln
1 kleine Karotte · 1 Zwiebel
¼ Fenchelknolle
1 Stange Staudensellerie
1 EL Olivenöl · 1 TL Puderzucker
1 Knoblauchzehe (geschält und
in Scheiben geschnitten)
⅛ l Weißwein
¼ l Gemüsebrühe
einige Safranfäden
1 Lorbeerblatt
Meersalz
Cayennepfeffer
frisch geriebene Muskatnuss
je 1 TL Dill und Petersilie
(frisch geschnitten)
1 EL schwarze Pfefferkörner und
je 1 TL Fenchelsamen und Korianderkörner für die Gewürzmühle

Schuhbeck empfiehlt:

» Die Muscheln sollten nur so lange gegart werden, bis sie sich öffnen, dann bleiben sie weich und saftig. Werden sie zu lange gegart, schmecken sie zäh. Die beste Muschelzeit sind die Monate mit »r«, also die Monate September bis April. Die Gefahr, dass die empfindlichen Muscheln durch zu hohe Temperaturen gelitten haben, ist in diesen kühleren Monaten gering. «

1. Die Muscheln unter fließendem kaltem Wasser abbürsten und evtl. mit einem Messer den »Bart« entfernen. Dabei schon geöffnete Muscheln entfernen.

2. Das Gemüse putzen, waschen oder schälen, in Streifen schneiden und im Olivenöl andünsten. Mit Puderzucker bestäuben und den Knoblauch hinzufügen.

3. Mit dem Wein ablöschen, die Brühe, den Safran und das Lorbeerblatt hinzufügen. Den Sud 10 Min. ziehen lassen.

4. Wenig Wasser in einem Topf erhitzen und mit Meersalz würzen. Muscheln dazugeben und zugedeckt 3 bis 4 Min. garen, bis sie sich öffnen.

5. Die Muscheln in ein Sieb abgießen und in eine Schüssel füllen, nicht geöffnete Exemplare dabei aussortieren.

6. Gemüsesud mit Cayennepfeffer, Muskatnuss, Dill, Petersilie und der Mischung aus der Gewürzmühle würzen und über die Muscheln geben.

> Spaghetti vongole

Für Spaghetti vongole werden auf die gleiche Weise anstatt Miesmuscheln Venusmuscheln gekocht und danach aus den Schalen gelöst. Für 4 Personen benötigen Sie etwa 400 g Nudeln, die in Salzwasser so vorgekocht werden, dass sie noch sehr bissfest sind. Anschließend im Gemüsesud (s. oben) erhitzen, dabei saugen sie fast die ganze Flüssigkeit auf. Zum Schluss die Muscheln darunterheben und etwas Olivenöl darüberträufeln.

Garnelen pochiert & gebraten

Zutaten (2 Personen)

Für die pochierten Garnelen:
10 Riesengarnelen · Salz
3 Stängel Zitronengras
4 Scheiben Ingwer · 2 Lorbeerblätter
1 rote Chilischote
2 Scheiben und 3 Schalenstreifen von
1 unbehandelten Limette
150 g Crème fraîche · 1 Schuss Milch
1 EL süßer Senf · 2 EL Dijon-Senf
1 Spritzer Limettensaft · einige Tropfen Cognac · Pfeffer aus der Mühle
einige Basilikumblätter

Für die gebratenen Garnelen:
10 Riesengarnelen · 1 EL Olivenöl
ca. 5 EL braune Butter (siehe S. 96)
12 grüne Kardamomkapseln
2 Zimtrinden
1 ausgekratzte Vanilleschote
1 rote Chilischote · 2 Knoblauchzehen
(in Scheiben) · 3 Scheiben Ingwer
je 1 Streifen unbehandelte Limetten-
und Orangenschale · Salz

Schuhbeck empfiehlt:

» Den Sud zum Pochieren der Garnelen können Sie auch statt mit Zitronengras und den ganzen Gewürzen mit 2 EL Currypulver aromatisieren. Der Cognac in der Sauce lässt sich durch Orangenlikör oder etwas Orangenschale oder -saft ersetzen. Die Chilischote können Sie durch Cayennepfeffer ersetzen. «

Pochierte Garnelen

Garnelen waschen, trocken tupfen und bis zum Schwanz längs einschneiden, den dunklen Darm entfernen (siehe S. 18).

In einem Topf Salzwasser auf 80 °C erhitzen. Zitronengras putzen, waschen und in kleine Stücke schneiden.

Mit Ingwer und Lorbeerblättern in den Topf geben. Chili waschen und ebenfalls dazugeben.

Limettenscheiben und -schale hinzufügen. Die Garnelen dazugeben und in dem Sud 2 Min. ziehen, nicht kochen lassen.

Für die Sauce Crème fraîche, Milch, beide Senfsorten, Limettensaft und 1 Prise Salz verrühren. Zuletzt Cognac unterrühren.

Garnelen herausnehmen. Sauce auf Teller verteilen, Garnelen darauf anrichten. Salzen, pfeffern, mit Basilikum garnieren.

Gebratene Garnelen

Garnelen waschen, trocken tupfen und bis zum Schwanz längs einschneiden, den Darm entfernen (siehe S. 18). In einer Pfanne das Öl erhitzen, die Garnelen darin bei milder Hitze braten.

In einer zweiten Pfanne die braune Butter erhitzen. Die ganzen Gewürze hinzufügen und in der Butter bei milder Hitze erwärmen, mit Salz würzen.

Die Garnelen wenden und fertig braten. In die Gewürzbutter geben, darin schwenken und etwas ziehen lassen. Auf einem Teller anrichten und mit den Gewürzen servieren.

Hummer & Hummerfond

Zutaten (1 Person)

Für den Hummer:
1 Hummer (ca. 700 g)
Salz · 1 TL Kümmelsamen
1 Bouquet garni (½ Karotte,
10 cm Lauchstange, 80 g Knollensellerie, ½ Petersilienwurzel,
2 Petersilienstiele, ⅛ Fenchelknolle)

Für den Hummerfond:
Hummerschalen von 1 Hummer
1 EL Olivenöl
½ TL Fenchelsamen
1 EL Cognac oder Weinbrand
1 Zwiebel (geschält)
⅛ Fenchelknolle
1 Tomate
1 Stange Staudensellerie
1 kleine Karotte
1 TL Tomatenmark
2–3 EL Wermut (z. B. Noilly Prat)
50 ml Weißwein
ca. ½ l Gemüsebrühe

Schuhbeck empfiehlt:

» Für Hummersauce lässt man den Fond um ein Drittel einkochen, gibt einen Schuss Sahne dazu, bindet die Sauce mit ein wenig in kaltem Wasser angerührter Speisestärke und mixt etwas kalte Butter hinein. Zum Würzen für ein paar Minuten noch je 1 Streifen Zitronen- und Orangenschale, 1 Scheibe Ingwer, 1 halbierte Knoblauchzehe, ¼ ausgekratzte Vanilleschote, 1 Splitter Zimtrinde und 1 Estragonstiel dazugeben. «

Hummer

1. Reichlich Wasser in einem großen Topf zum Kochen bringen. Hummer hineingeben, 3 Min. kochen, Topf vom Herd nehmen.

2. Salz, Kümmel und das Bouquet garni dazugeben und den Hummer bei milder Hitze 7 bis 8 Min. ziehen lassen.

3. Hummer herausnehmen und den Schwanz durch gegenläufige Drehbewegungen mit den Händen vom Körper brechen.

4. Den Panzer von unten her aufbrechen und das Schwanzfleisch im Ganzen auslösen.

5. Scheren vom Körper ziehen. Kleinere Hälfte herausziehen. Das Ende der großen Hälfte mit dem Messerrücken klopfen, etwas aufbrechen, Fleisch herausschütteln.

6. Mit einer Zange die Beine aufknacken und das Fleisch auslösen. Hummerfleisch nach Belieben in Gewürzbutter wenden.

Hummerfond

1. Die Hummerschalen waschen, trocken tupfen und klein hacken. In einem Topf Olivenöl erhitzen, Schalen darin anrösten. Fenchel dazugeben und mit Cognac oder Weinbrand ablöschen.

2. Das Gemüse putzen, waschen und in Würfel schneiden. In den Topf geben und mitdünsten, ohne es Farbe annehmen zu lassen. Das Tomatenmark unterrühren und anrösten.

3. Wermut und Wein hinzufügen, mit so viel Brühe aufgießen, dass die Schalen bedeckt sind. Bei milder Hitze 1 Std. ziehen lassen. Den Fond durch ein Sieb gießen.

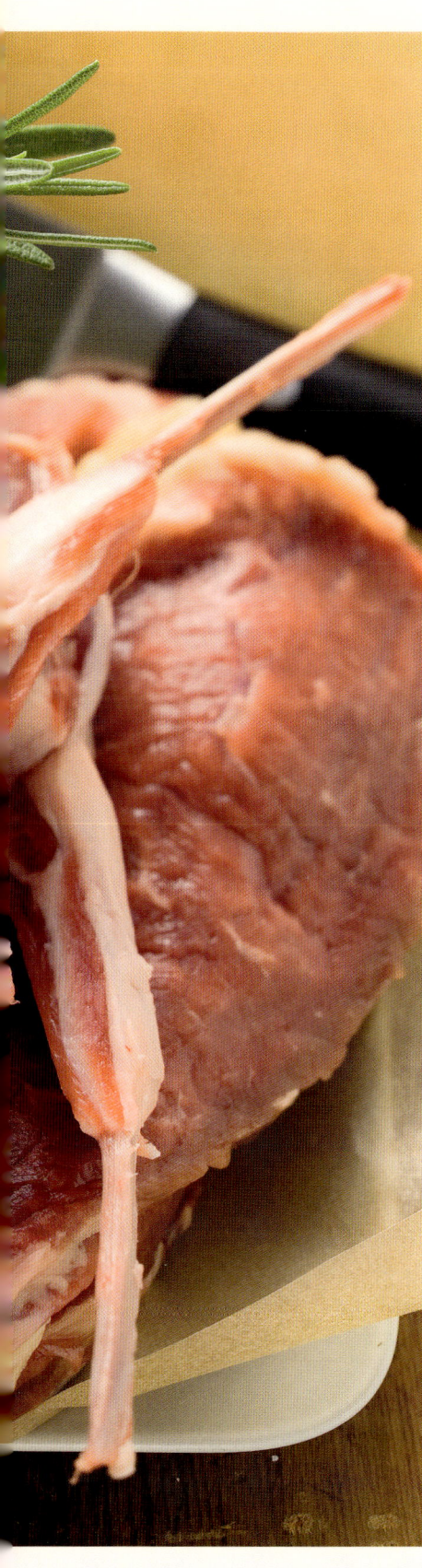

Fleisch, Geflügel & Wild

Kalbsschnitzel & Kalbskotelett

Zutaten (4 Personen)

Für die Kalbsschnitzel:
4 Kalbsschnitzel (à 100 g;
aus der Oberschale)
Öl für die Folie
1 TL Öl
2 cl Cognac · 6 EL Weißwein
180 ml Geflügelbrühe · 80 g Sahne
1 EL scharfer Senf
1–2 EL kalte Butter
Salz · Pfeffer aus der Mühle
1 Knoblauchzehe (geschält und halbiert)
1 EL Petersilie (frisch geschnitten)

Für die Kalbskoteletts:
½–1 EL Öl · 4 Kalbskoteletts
(à ca. 300 g)
1–2 EL Butter · 1–2 Rosmarinzweige
1 Knoblauchzehe (geschält und in Scheiben geschnitten)
1 Streifen unbehandelte Zitronenschale
Salz · Pfeffer aus der Mühle

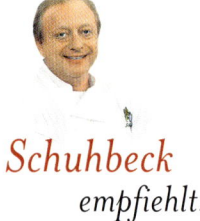

Schuhbeck *empfiehlt:*

» Je weniger Fett beim Anbraten der Schnitzel in der Pfanne ist, desto intensiver ist der Bratgeschmack. Es entsteht dann ein schöner Bratensatz, der – mit Cognac, Wein oder Brühe abgelöscht – eine schnelle, nahezu fettfreie Sauce ergibt.
Die Kalbskoteletts können bis zum Servieren im Ofen bei 70 bis 80 °C warm gehalten werden, so bleiben sie rosa und saftig. «

Kalbsschnitzel

Die Kalbsschnitzel zwischen zwei Lagen geölter Frischhaltefolie mit einem breiten Messer leicht flach drücken.

Das Öl in einer Pfanne erhitzen, Fleisch bei mittlerer Hitze beidseitig einige Minuten anbraten. Herausnehmen, warm halten.

Den Bratensatz mit Cognac und Wein ablöschen und kurz einköcheln lassen.

Brühe, Sahne, Senf und kalte Butter unterrühren. Die Sauce mit Salz und Pfeffer würzen.

Den Knoblauch und die Petersilie hinzufügen und einige Minuten ziehen lassen. Den Knoblauch wieder entfernen.

Die gebratenen Schnitzel in die Sauce legen und einige Minuten bei milder Hitze darin ziehen, aber nicht kochen lassen.

Kalbskotelett

Das Öl in einer Pfanne erhitzen und die Kalbskoteletts darin bei mittlerer Hitze von allen Seiten anbraten. Den Backofen auf 100 °C vorheizen.

Ein Ofengitter auf die mittlere Schiene und darunter ein Abtropfblech schieben. Die Kalbskoteletts auf dem Gitter im Ofen 1 bis 1 1/4 Std. rosa durchziehen lassen.

Butter in einer Pfanne bei milder Hitze zerlassen. Rosmarin, Knoblauch und Zitronenschale hinzufügen und etwas ziehen lassen. Mit Salz und Pfeffer würzen. Die Kalbskoteletts mit der Butter beträufeln.

Wiener Schnitzel & Saltimbocca

Zutaten (4 Personen)

Für das Wiener Schnitzel:
4 Kalbsschnitzel (à 100 g; aus der Oberschale oder Lendchen oder Kalbsrücken) · Öl für die Folie
Salz · Pfeffer aus der Mühle
1–2 EL geschlagene Sahne
2 verquirlte Eier
frisch geriebene Muskatnuss
etwas abgeriebene unbehandelte Zitronenschale
80 g doppelgriffiges Mehl (Wiener Grießler)
100 g Weißbrotbrösel · ca. 100 ml Öl
einige Spritzer Zitronensaft

Für das Saltimbocca:
8 dünne Scheiben Kalbsfilet (à 40 g)
8 Salbeiblätter
8 Scheiben Parmaschinken
Salz · Pfeffer aus der Mühle
½–1 EL Olivenöl
5 EL Marsala, Port- oder Rotwein
100 ml Gemüsebrühe
1–2 TL Butter

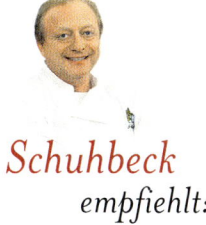

Schuhbeck empfiehlt:

>> Die Panade um das Wiener Schnitzel wird durch die geschlagene Sahne wunderbar locker und wellig. Ob das Öl zum Braten der Wiener Schnitzel heiß genug ist, testet man am besten mit dem Holzkochlöffelstiel: Den Stiel in das heiße Fett halten, wenn kleine Bläschen daran aufsteigen, hat es die optimale Brattemperatur. Wer mag, kann die Schnitzel nach dem Braten im Öl aus der Pfanne nehmen und in einer weiteren Pfanne in etwas zerlassener Butter schwenken. <<

Wiener Schnitzel

Schnitzel zwischen zwei Lagen geölter Frischhaltefolie mit einem breiten Messer leicht plattieren. Salzen und pfeffern.

Die Sahne unter die Eier ziehen. Mit Muskatnuss und Zitronenschale würzen und verrühren. Die Schnitzel im Mehl wenden.

Die Schnitzel dann durch die Eier ziehen und zuletzt mit den Bröseln panieren, dabei die Brösel nur leicht andrücken.

In eine Pfanne 1 cm hoch Öl gießen und erhitzen. Die Schnitzel bei mittlerer Hitze auf der Unterseite braun braten.

Die Schnitzel wenden. Die Pfanne leicht hin- und herbewegen, damit das Fett über die Schnitzel schwappt.

Mit einem Löffel heißes Öl über die Schnitzel geben, damit sich die Panade wölbt. Mit Zitronensaft beträufelt servieren.

Saltimbocca

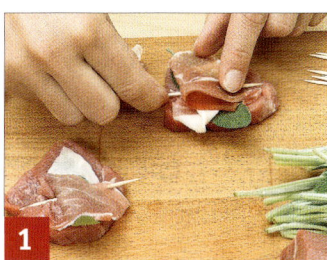

Die Filets mit dem Salbei belegen. Parmaschinken in Größe der Filets zuschneiden oder aufrollen und darauflegen. Salbei und Schinken mit Zahnstochern auf dem Filet feststecken. Die Rückseite salzen und pfeffern.

In einer Pfanne das Olivenöl erhitzen, Saltimboccas darin bei mittlerer Hitze auf der Schinkenseite 1½ Min. anbraten. Wenden, auf der anderen Seite ebenfalls etwa 1½ Min. braten. Herausnehmen.

Die Pfanne mit Küchenpapier austupfen. Bratensatz mit Marsala und Brühe ablöschen und etwas einköcheln lassen. Die Butter hinzufügen, salzen und pfeffern. Die Saltimboccas kurz in der Sauce schwenken.

Cordon bleu

Zutaten (4 Personen)

4 Kalbsschnitzel (à 140 g)
Öl für die Folie
Chilisalz (aus dem Gewürzladen)
4 kleine Scheiben Emmentaler
4 Scheiben gekochter Schinken
(à 30 g)
2 Eier
1 EL geschlagene Sahne
etwas abgeriebene unbehandelte
Zitronenschale
1 Spritzer Zitronensaft
Chilipulver
frisch geriebene Muskatnuss
80 g doppelgriffiges Mehl
(Wiener Grießler)
200 g Weißbrotbrösel
ca. 100 ml Öl
4 unbehandelte Zitronenspalten

Schuhbeck *empfiehlt:*

›› Dazu passen Salat und Gemüse. Die Weißbrotbrösel schmecken am besten, wenn Sie sie selber reiben. Falls Ihnen dafür die Zeit fehlt, gibt es beim Bäcker schon fertige handgeriebene Brösel zu kaufen. Statt der Schinken-Käse-Füllung können Sie die Schnitzel auch einmal mit gebratenen Pilzen, Topfen oder gemischten Kräutern füllen. Oder Sie ersetzen den Emmentaler durch eine andere Käsesorte, z. B. Gorgonzola. ‹‹

1. Die Kalbsschnitzel zwischen zwei Lagen geölter Frischhaltefolie hauchdünn klopfen und leicht mit Chilisalz würzen.

2. Je 1 Scheibe Käse in 1 Scheibe Schinken einschlagen und auf eine Schnitzelhälfte legen.

3. Das Fleisch darüber zusammenklappen – die Schinken-Käse-Füllung sollte innerhalb der Schnitzelränder sein.

4. Die Eier in einem tiefen Teller mit Sahne, Zitronenschale und -saft, 1 Prise Chilipulver und Muskatnuss mit einer Gabel verquirlen. Mehl und Weißbrotbrösel jeweils in tiefe Teller geben.

5. Die gefüllten Kalbsschnitzel zuerst im Mehl, dann in der Eiermischung und zuletzt in den Weißbrotbröseln wenden. In einer Pfanne bei mittlerer Hitze reichlich Öl erhitzen.

6. Die Schnitzel darin auf beiden Seiten jeweils etwa 3 Min. goldbraun braten. Die Schnitzel herausnehmen und auf Küchenpapier abtropfen lassen. Nach Belieben salzen und mit Zitronenspalten servieren.

> ## Münchner Schnitzel
>
> Für ein Münchner Schnitzel die Kalbsschnitzel mit je 50 g Weißwurstbrät (vom Metzger) füllen, zusammenklappen und wie oben beschrieben panieren und ausbacken. Zum Braten der Schnitzel ist es besonders wichtig, dass reichlich Öl verwendet wird. Dazu eignet sich neutrales Öl oder Butterschmalz. Ich brate gerne in Öl und gebe am Ende der Garzeit noch 1 EL Butter dazu.

Kalbshaxe

Zutaten (4 Personen)

Für die Kalbshaxe:

1 Kalbshaxe (ca. 3 kg; mit Knochen, küchenfertig)
1 EL Öl
2 TL Puderzucker · 150 ml Rotwein
2 Zwiebeln · 1 Karotte
120 g Knollensellerie
1 EL Tomatenmark
400 ml Geflügelbrühe
1 Lorbeerblatt
½ TL schwarze Pfefferkörner
1 Streifen unbehandelte Zitronenschale
1 Knoblauchzehe (geschält)
1 Scheibe Ingwer · 1 Thymianzweig
Salz · Pfeffer aus der Mühle

Schuhbeck empfiehlt:

» Zum Ansetzen von Schmorsaucen verwendet man einen Rotwein mit kräftiger Farbe und intensivem Geschmack. Den Wein am besten auf zweimal hinzufügen und jeweils einköcheln lassen – so verkocht der Alkohol mit einem Teil der Flüssigkeit und es entsteht eine extraktreiche, geschmackvolle Sauce. «

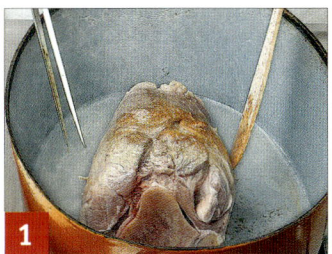
Die Kalbshaxe im Bräter im Öl bei mittlerer Hitze rundum anbraten und herausnehmen. Das Fett aus dem Bräter tupfen.

Puderzucker in den Bräter sieben und hell karamellisieren. Mit Wein ablöschen. Gemüse schälen und klein schneiden.

Das Gemüse in einer Pfanne andünsten. Mit Tomatenmark und Brühe in den Bräter geben und sämig einköcheln lassen.

Kalbshaxe auf das Gemüse setzen und zugedeckt im auf 160 °C vorgeheizten Ofen 4 1/2 Std. weich garen, dabei mehrmals wenden. Nach 2 Std. den Deckel abnehmen.

Die Kalbshaxe gelegentlich mit der Sauce übergießen. Am Ende der Garzeit die Haxe herausnehmen, parallel zum Knochen in Scheiben schneiden und warm halten. Lorbeerblatt und Pfefferkörner in die Sauce geben und etwas einkochen lassen.

Zitronenschale, Knoblauch, Ingwer und Thymian einige Minuten in der Sauce ziehen lassen. Durch ein Sieb gießen, Gemüse dabei etwas durchdrücken. Mit Salz würzen. Die Haxenscheiben leicht salzen und pfeffern und mit der Schmorsauce anrichten.

> Ossobuco

Für Ossobuco statt der ganzen Kalbshaxe 4 Kalbshaxenscheiben wie oben in der Bildfolge 1 bis 4 beschrieben zubereiten. 20 Min. vor Ende der Garzeit 1 Lorbeerblatt hinzufügen, zuletzt 1 Rosmarinzweig, 1 Streifen Zitronenschale und 1 halbierte geschälte Knoblauchzehe dazugeben. Die Gewürze einige Minuten ziehen lassen und wieder entfernen. Fleisch aus der Sauce nehmen, mit der Sauce und dem Schmorgemüse servieren.

Kalbsleber venezianische Art

Zutaten (4 Personen)

2 weiße Zwiebeln
2 Birnen
600 g Kalbsleber (küchenfertig)
5 EL doppelgriffiges Mehl
(Wiener Grießler)
2 EL Olivenöl
100 g Cocktail- oder Oliventomaten
je 1 Handvoll grüne und schwarze
Oliven (entsteint)
1–2 Lorbeerblätter
Cayennepfeffer · Salz
1 TL Puderzucker
1 Schuss Aceto balsamico
2 cl Marsala oder Rotwein
1 Schuss Geflügelbrühe (ca. 80 ml)
getrockneter Oregano
1 Salbeiblatt
1 Knoblauchzehe (in Scheiben)
1 Msp. Fenchelsamen
1 EL Butter

Schuhbeck empfiehlt:

» Leber wird erst nach dem Braten gesalzen, da sie sonst hart und zäh wird. Lassen Sie bei der Aromatisierung des mediterranen Gemüses Ihrer Fantasie freien Lauf. Ausgefallen wird es, wenn Sie Lavendelblüten daraufstreuen. Aber auch andere Gewürze wie Thymian, Rosmarin oder Basilikum geben dem Ganzen einen Hauch von Mittelmeer. Probieren Sie im Winter mal Granatapfelkerne dazu. Als Beilage zur Leber auf venezianische Art passt Polenta, für die Berliner Art Kartoffelpüree. «

Zwiebeln schälen und in grobe Würfel schneiden. Birnen waschen, trocken tupfen, entkernen und klein schneiden.

Die Leber von beiden Seiten im Mehl wenden. 1 EL Öl in einer Pfanne erhitzen und die Leber darin auf beiden Seiten braten.

Die Tomaten waschen, trocken tupfen und halbieren. Die Zwiebeln in einer zweiten Pfanne im restlichen Öl anbraten.

Die Oliven sowie Tomaten, Lorbeerblätter und Birnen dazugeben und kurz mitdünsten. Das Gemüse mit Cayennepfeffer und Salz würzen.

Die Leber aus der Pfanne nehmen und auf Küchenpapier abtropfen lassen. Puderzucker in die Pfanne stäuben und karamellisieren. Den Bratensatz mit Essig ablöschen.

Marsala sowie Brühe dazugeben. Mit Oregano, Salbei, Knoblauch, Fenchel und Salz würzen. Die Butter darin zerlassen und die Leber in der Sauce wenden. Mit dem Gemüse anrichten.

> Kalbsleber Berliner Art

Für Leber Berliner Art braten Sie die Leber wie oben beschrieben in der Pfanne. Zwiebeln schälen, in Ringe schneiden und in der Pfanne in Öl anbraten, bis sie leicht braun sind. Apfelwürfel dazugeben und mitdünsten. Herausnehmen. Butter zerlassen, etwas Puderzucker darüberstäuben und 1 Apfel in Spalten darin karamellisieren. Zwiebeln dazugeben. Leber mit Zwiebeln anrichten. Die Sauce wie in Step 5 und 6 beschrieben zubereiten (ohne die Gewürze) und darüberträufeln.

Rinderfilet & Roastbeef

Zutaten (4 Personen)

Für das Rinderfilet:
1 Rinderfilet (ca. 1 kg; Mittelstück, küchenfertig)
1–2 EL Öl
Salz · Pfeffer aus der Mühle
60 ml Brühe
½–1 EL Butter
1 Knoblauchzehe (geschält und halbiert)
1 Scheibe Ingwer
1 Rosmarinzweig
1 Streifen unbehandelte Zitronenschale

Für das Roastbeef:
1 kg Roastbeef (Rinderrücken, ohne Sehnen, Knochen und Fett)
1 EL Öl
Salz · Pfeffer aus der Mühle

Schuhbeck empfiehlt:

» Gutes Rinderfilet ist ganz fein mit Fettäderchen marmoriert, die sich beim Garen auflösen und für richtig viel Geschmack sorgen. Die Medaillons nicht drücken oder klopfen und beim Anbraten auch kurz auf die Seiten stellen, damit sich die Poren schließen. Voraussetzung dafür, dass das gegarte Roastbeef im Anschnitt durchgehend hellrot aussieht, ist die lange Garzeit bei niedriger Temperatur. «

Rinderfilet

1. Aus dem Rinderfilet etwa 3 cm dicke Scheiben (Medaillons) und 1 bis 1 1/2 cm dicke Scheiben (Filets) schneiden.

2. Für die Medaillons etwas Öl in einer Pfanne erhitzen. Medaillons darin bei mittlerer Hitze auf beiden Seiten anbraten.

3. Medaillons auf dem Ofengitter im auf 100 °C vorgeheizten Ofen (mittlere Schiene) 50 bis 60 Min. garen. Salzen und pfeffern.

4. Für die Filets die dünnen Fleischscheiben in einer Pfanne in 1/2 TL Öl bei mittlerer Hitze beidseitig kurz anbraten und herausnehmen.

5. Den Bratensatz mit Brühe oder Wasser ablöschen. Butter, Knoblauch, Ingwer, Rosmarin und Zitronenschale dazugeben und mit Salz und Pfeffer würzen.

6. Die Filetscheiben in die Sauce geben und mehrmals darin wenden. Die Pfanne vom Herd nehmen und das Fleisch etwas darin ziehen lassen.

Roastbeef

1. Das Rindfleisch sollte mindestens 3 Wochen gereift sein, damit das Roastbeef butterweich wird.

2. Das Öl in einer Pfanne erhitzen. Das Roastbeef darin bei mittlerer Hitze rundum hellbraun anbraten.

3. Das Roastbeef auf dem Ofengitter im auf 100 °C vorgeheizten Ofen auf der mittleren Schiene 2 1/2 Std. garen. Mit Salz und Pfeffer würzen, warm oder abgekühlt in Scheiben schneiden.

Steaks braten

Zutaten (4–6 Personen)

Für Minutensteaks:
1 Rinderfilet (1 kg; Mittelstück, küchenfertig)
1–2 EL Öl
60–100 ml Gemüsebrühe
2 Rosmarinzweige (gewaschen)
1 Knoblauchzehe (in Scheiben)
3 Scheiben Ingwer
je 1 Streifen unbehandelte Zitronen- und Orangenschale
2 rote Chilischoten (gewaschen)
1–2 TL Butter

Für dicke Steaks:
1 Rinderfilet (1 kg; Mittelstück, küchenfertig)
1–2 EL Öl
Salz · Pfeffer aus der Mühle

Schuhbeck empfiehlt:

» Zu dem dicken Steak passen alle Gemüsesorten oder auch Bratkartoffeln. Das Rindfleisch können Sie natürlich auch durch Lamm, Kalb oder Wild ersetzen, und statt Filet eignet sich Lende.
Zum Anbraten der Steaks erhitze ich die Pfanne relativ stark bei etwa drei Viertel der maximalen Temperatur. Die Steaks auf einer Seite anbraten, bis an der Oberfläche der Fleischsaft austritt, dann erst wenden. «

Minutensteaks

Aus dem Rinderfilet 1 bis 1½ cm dicke Scheiben (Filets) schneiden. Wenig Öl in einer Pfanne erhitzen.

Filets auf beiden Seiten bei mittlerer Hitze braten und auf einen vorgewärmten Teller legen. Bratensatz mit Brühe ablöschen.

Kräuter und Gewürze dazugeben und die Butter darin schmelzen lassen. Ausgetretenen Steaksaft hinzufügen und die Steaks in der Gewürzbutter wenden.

Dicke Steaks

Aus dem Rinderfilet etwa 3 cm dicke Scheiben (Medaillons) schneiden. Wenig Öl in einer Pfanne erhitzen.

Medaillons auf beiden Seiten bei mittlerer Hitze kurz anbraten, dann auf die Ränder stellen und ebenfalls rundum kurz anbraten.

Die Medaillons auf dem Ofengitter im auf 100 °C vorgeheizten Ofen auf der mittleren Schiene 50 Min. garen. Mit Salz und Pfeffer würzen.

> ### Rinderfilet im Ganzen
>
> Für rosa Rinderfilet im Ganzen den Backofen auf 100 °C vorheizen. 800 g Rinderfilet (Mittelstück) in einer Pfanne in 1 bis 2 TL Öl bei milder Hitze anbraten. Auf ein Ofengitter auf die mittlere Schiene geben und darunter ein Abtropfblech schieben. Das Rinderfilet im Ofen etwa 2 Std. rosa durchziehen lassen. Herausnehmen, mit Salz und Pfeffer würzen.

Gemischter Filetspiess

ZUTATEN (4 PERSONEN)

500 g Schweine-, Kalbs- oder Rinderfilet
(in 2 ½ cm großen Würfeln)
16 Cocktailtomaten (gewaschen)
je 1 Zwiebel und rote Paprikaschote
(in 2–2 ½ cm großen Stücken)
1 kleiner Zucchino (in Scheiben)
1 TL Puderzucker
1 TL Tomatenmark
⅛ l Rotwein
½–1 TL Speisestärke
ca. ⅛ l Geflügelbrühe
1–2 kleine Lorbeerblätter
1 Rosmarinzweig (gewaschen)
1 Knoblauchzehe (in Scheiben)
einige Scheiben Ingwer
je 1–2 Streifen unbehandelte
Zitronen- und Orangenschale
Chilisalz (aus dem Gewürzladen)
2 EL Öl
1 EL Butter

Schuhbeck *empfiehlt:*

» Falls Sie zu viel Gemüse vorbereitet haben, können Sie es in einer Pfanne andünsten und ebenfalls zur Sauce geben. Wenn Sie kein Chilisalz vorrätig haben, geben Sie normales Salz und etwas klein geschnittene Chilischote oder Chilipulver in die Sauce.
Für Spieße mit Wildfleisch sollten Sie die Sauce mit Lorbeerblättern, Gewürznelken und Piment aromatisieren. «

Das Fleisch abwechselnd mit Tomaten, Zwiebel, Paprika und Zucchino auf Spieße stecken, mit Tomaten abschließen.

Für die Sauce Puderzucker in einem Topf karamellisieren. Das Tomatenmark darin andünsten, mit Wein ablöschen.

Sirupartig einkochen lassen, bis der Alkohol verkocht ist. Die Stärke mit etwas kaltem Wasser glatt rühren.

Etwas Brühe zur Sauce geben und die Stärke gut unterrühren. Die Sauce aufkochen lassen und dabei gründlich rühren.

Lorbeerblätter, Rosmarin, Knoblauch, Ingwer, Zitronen- und Orangenschale dazugeben. Mit Chilisalz würzen.

Sauce einige Minuten sanft köcheln lassen. Inzwischen die Filetspieße im Öl in einer Pfanne unter Wenden rundum braten.

Die Spieße in die Sauce geben und den Bratensatz mit etwas Brühe ablöschen. Bratenfond zur Sauce geben.

Einen Deckel so aufsetzen, dass noch ein Spalt offen bleibt und die Spieße in der Sauce 3 bis 4 Min. sanft schmoren.

Die ganzen Gewürze aus der Sauce entfernen. Die Butter unterrühren und die Sauce, falls nötig, mit Salz abschmecken. Noch etwas einköcheln lassen. Die Spieße auf Tellern anrichten und die Sauce darüberträufeln.

GEFÜLLTE RINDERROULADE

Zutaten (4 Personen)

4 dünne Scheiben Rindfleisch (à ca. 160 g; aus der Oberschale)
150 g Kalbsbrät (vom Metzger)
1 TL scharfer Senf
2 EL Sahne · Chilipulver
2 Karotten · 170 g Knollensellerie
1 Gewürzgurke
1 Scheibe gekochter Schinken (ca. 1 cm dick) · 1 EL Öl
1 Zwiebel
1 TL Puderzucker
1–2 EL Tomatenmark
150 ml Rotwein
ca. ½ l Geflügelbrühe
je 5 Wacholderbeeren und Pimentkörner
1–2 Lorbeerblätter
1 getrocknete Chilischote (zerkleinert)
½ Knoblauchzehe (geschält)
2 Scheiben Ingwer
1–2 EL Speisestärke
Salz · Pfeffer aus der Mühle

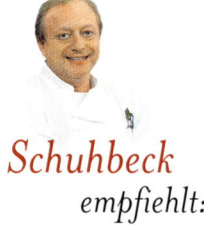

Schuhbeck empfiehlt:

» Sie können das Fleisch entweder selbst plattieren (siehe S. 165) oder vom Metzger plattieren lassen.
Die klassische Variante der Rouladen kennt jeder: Rouladen mit scharfem Senf bestreichen und mit in Viertel geschnittenen Gewürzgurken, Zwiebelwürfeln und durchwachsenem Speck belegen. Probieren Sie zur Abwechslung auch einmal meine Variante. «

Das Fleisch auf der Arbeitsfläche auslegen. Das Kalbsbrät mit Senf und Sahne verrühren, mit 1 Prise Chilipulver würzen.

Das Brät auf die Rouladen streichen. 1 Karotte und 50 g Sellerie schälen. Wie die Gurke und den Schinken in Stifte schneiden.

Quer auf das Fleisch verteilen. Die Seiten etwas einschlagen. Das Fleisch der Länge nach aufrollen. Mit Nadeln feststecken.

Das Öl in einer Pfanne erhitzen und die Rouladen darin rundum anbraten.

Zwiebel und restliche Karotte und Sellerie schälen, in ½ cm große Würfel schneiden. Puderzucker in einen Topf stäuben.

Hell karamellisieren. Das Gemüse darin ohne Fett anbraten. Das Tomatenmark unterrühren und etwas mitrösten.

Mit Wein ablöschen und 4 bis 5 Min. sämig einköcheln lassen. Mit der Brühe auffüllen. Den Bratensatz der Rouladen mit etwas Brühe ablöschen und dazugießen. Die Rouladen darin zugedeckt 2 bis 2½ Std. weich schmoren. Nur simmern, nicht kochen lassen.

Nach 40 Min. Wacholderbeeren und Pimentkörner sowie die Lorbeerblätter, Chili, Knoblauch und den Ingwer hinzufügen. Die Rouladen herausnehmen. Die Sauce durch ein Sieb passieren, dabei das Gemüse etwas ausdrücken.

Die Stärke mit Wasser glatt rühren. Unter die Sauce rühren und einmal aufkochen lassen. Mit Salz und Pfeffer würzen. Die Rouladen in der Sauce nochmals erhitzen. Die Nadeln entfernen und die Rouladen in Scheiben schneiden. Mit der Sauce anrichten.

Sauerbraten

Zutaten (4 Personen)

1 ½ kg flache Rinderschulter (Schaufelbug)
ca. 650 ml kräftiger Rotwein
80 ml Rotweinessig · 1–2 EL Öl
2 Zwiebeln · 100 g Knollensellerie
1 Karotte · 1 EL Puderzucker
1–2 EL Tomatenmark
¼ l Geflügelbrühe
1 Stück Brotrinde (klein geschnitten)
1–2 Lorbeerblätter
1 Knoblauchzehe (in Scheiben)
2 Scheiben Ingwer
1 ausgekratzte Vanilleschote
½ Zimtrinde
1 TL Wacholderbeeren
je ½ TL Piment- und schwarze Pfefferkörner
1 getrocknete Chilischote
1–2 EL gelbe Senfkörner
1 TL Korianderkörner
1 EL Speisestärke
Salz · Pfeffer aus der Mühle

Schuhbeck *empfiehlt:*

» Sauerbraten wird herkömmlich ohne Wein, nur in Wasser und Essig eingelegt. Besser schmeckt er aber, wenn man statt Wasser Rotwein und dafür weniger Essig verwendet. Statt Brotrinde können auch 20 g Saucenlebkuchen, 50 g Rosinen und ¼ geschälter Apfel in Stücken mitgeschmort werden. Die Sauce können Sie noch mit 1 Stückchen Butter und 3 bis 4 EL Sahne verfeinern. Sollte während des langen Garens Flüssigkeit verdunsten, gießen Sie immer wieder etwas Geflügelbrühe auf. «

Das Fleisch 4 bis 5 Tage in Wein und Essig marinieren. Herausnehmen und trocken tupfen. Marinade beiseitestellen.

Die Rinderschulter in einer Pfanne im Öl auf beiden Seiten anbraten. Das Gemüse schälen und in Würfel schneiden.

Puderzucker in einen Topf stäuben und hell karamellisieren. Das Gemüse dazugeben und etwas anbraten.

Das Tomatenmark hinzufügen und unter Rühren anrösten. Die Rotweinmarinade dazugießen. Das Fleisch hineinlegen.

Den Bratensatz aus der Pfanne mit etwas Brühe ablöschen und ebenfalls dazugeben. Das Fleisch sollte fast bedeckt sein.

Einen Deckel so auflegen, dass noch ein Spalt offen bleibt, und das Fleisch knapp unter dem Siedepunkt 2½ Std. garen.

Nach 2 Std. das Brot sowie Lorbeerblätter, Knoblauch, Ingwer, Vanille und Zimt dazugeben. Wacholderbeeren, Piment- und Pfefferkörner, Chilischote, Senf- sowie Korianderkörner in einer Pfanne ohne Fett anrösten. Gewürze ebenfalls dazugeben und 30 Min. ziehen lassen.

Das Fleisch aus der Sauce nehmen. Die Sauce durch ein Sieb in einen Topf gießen. Die Stärke mit etwas Wasser glatt rühren und die Sauce damit binden. Einmal aufkochen lassen. Sauce mit Salz und Pfeffer würzen.

Das Fleisch in Scheiben schneiden und mit der Sauce auf Tellern anrichten. Zum Sauerbraten passen Kartoffeln, Püree, Spätzle ebenso wie Kartoffelknödel. Das Gemüse kann püriert oder in Stücken dazu serviert werden.

Tafelspitz in Brühe

Zutaten (4 Personen)

1–2 EL Öl
1 großes Stück Tafelspitz (1,2 kg; küchenfertig) · Salz
3 Zwiebeln
1 Stange Lauch
2–3 kleine Karotten
1–2 Petersilienwurzeln
1 Lorbeerblatt
3 Wacholderbeeren
1 TL schwarze Pfefferkörner
½ TL Pimentkörner
2 Petersilienstiele
frisch geriebene Muskatnuss
Pfeffer aus der Mühle
Meersalz

Schuhbeck empfiehlt:

>> Geben Sie den Tafelspitz in kaltes Wasser und kochen ihn, dann bekommen Sie eine sehr gute Brühe, aber das Fleisch ist nicht mehr so geschmackvoll. Braten Sie das Fleisch erst an und legen es dann in simmerndes Wasser, bleibt es saftig und die Brühe ist trotzdem wunderbar aromatisch. Sollten noch ein paar Trübstoffe umherschwimmen, geben Sie einfach einige Tomatenspalten hinein – sie ziehen sie an. <<

1 Öl in einem Topf erhitzen, Fleisch darin bei milder Hitze rundum anbraten. Herausnehmen, den Bratensatz mit Wasser ablöschen. Mehr Wasser angießen.

2 Wasser zum Simmern bringen (nicht kochen!), Fleisch hineinlegen, es sollte fast bedeckt sein. Salzen, knapp unter dem Siedepunkt 2–2½ Std. ziehen lassen.

3 Ungeschälte Zwiebeln quer halbieren und in einem mit Alufolie ausgelegten Topf oder einer unbeschichteten Pfanne auf den Schnittstellen bräunen.

4 Die Zwiebeln nach 1 Std. Garzeit zum Fleisch geben. Lauch, Karotten und Petersilienwurzeln putzen und waschen. Lauchstange halbieren und längs einschneiden. Gemüse ebenfalls in die Brühe geben.

5 Nach 1½ Std. Garzeit Lorbeerblatt, Wacholderbeeren, Pfeffer- und Pimentkörner dazugeben. 3 Min. vor Garzeitende die Petersilienstiele in die Brühe geben und darin ziehen lassen. Mit Salz würzen.

6 Den Tafelspitz herausnehmen und quer zur Faser in Scheiben schneiden. Mit dem Gemüse und etwas Brühe anrichten. Muskatnuss darüberreiben und mit etwas Pfeffer und Meersalz würzen.

> ## Farbe für die Brühe
>
> Ungeschälte Zwiebeln verleihen der Brühe Farbe und zusätzlichen Geschmack. Während die Schalen ihr eine goldene Tönung geben, sorgen die Röststoffe der Schnittflächen und die Zwiebeln selbst für das Aroma. Die beim Anbräunen untergelegte Alufolie verhindert, dass Sie schwarze Ränder vom Topfboden scheuern müssen.

Schweinefilet & Schweine-Medaillons

Zutaten (4 Personen)

Für die Schweinefilets und -Medaillons:

ca. 500 g Schweinefilet
1 EL Öl · 1–2 EL Butter
Salz · Pfeffer aus der Mühle
2 TL grüne Kardamomkapseln
2 Streifen unbehandelte Orangenschale

Schuhbeck empfiehlt:

》 Verwendet man Zitronen- oder Orangenschale, nimmt man am besten unbehandelte Früchte. Die Früchte heiß waschen und mit einem Küchentuch trocken reiben. Mit einem Sparschäler die Schale von oben nach unten dünn abziehen. Dabei darauf achten, dass der bittere weiße Teil der Schale nicht mit entfernt wird. So erhält man etwa fingerbreite Streifen Zitrusschale. 《

Filet von Haut und Sehnen befreien. Filet ganz lassen oder in ca. 3 cm dicke Medaillons schneiden. Ofen auf 100 °C vorheizen.

Das Öl in einer beschichteten Pfanne erhitzen und das ganze Schweinefilet darin bei mittlerer Hitze rundum anbraten.

Für die Medaillons ebenfalls das Öl in einer Pfanne erhitzen und die Scheiben darin bei mittlerer Hitze beidseitig anbraten.

Ein Ofengitter auf die mittlere Schiene und darunter ein Abtropfblech schieben. Das angebratene ganze Filet im vorgeheizten Ofen auf dem Gitter 50 bis 60 Min. garen.

Die Medaillons ebenfalls im vorgeheizten Ofen auf dem Ofengitter etwa 30 Min. garen.

Die Butter in einer beschichteten Pfanne zerlassen, mit Salz, Pfeffer, Kardamom und Orangenschale würzen. Das ganze Filet oder die Medaillons darin kurz braten.

> ## Schweinerücken und -steaks

500 g Schweinerücken (ohne Knochen) bei mittlerer Hitze in 1 EL Öl rundum anbraten. Ein Ofengitter auf die mittlere Schiene des Backofens und darunter ein Abtropfblech schieben. Den Schweinerücken im auf 100 °C vorgeheizten Ofen etwa 2 Std. garen.
Für Schweinerückensteaks den Rücken in nicht zu dünne Scheiben schneiden und beidseitig in Öl anbraten. Ebenfalls im Ofen auf dem Gitter bei 100 °C etwa 1 Std. garen.
Den Schweinerücken oder die Steaks in Butter mit Gewürzen (siehe oben) braten.

SCHWEINEKOTELETT NATUR & PANIERT

ZUTATEN (4 PERSONEN)

Für das Schweinekotelett natur:
4 TL Öl
4 Schweinekoteletts (à ca. 200 g)
1 Schuss Gemüsebrühe · ca. 1 EL Butter
je 1 EL Petersilie und Majoran
(frisch geschnitten)
1 Knoblauchzehe (in Scheiben)
1 Chilischote (geputzt, entkernt und
klein geschnitten) · 2 Scheiben Ingwer
Salz · abgeriebene unbehandelte
Zitronenschale · etwas Zitronensaft

Für das Schweinekotelett paniert:
4 Schweinekoteletts (à ca. 200 g)
Salz · Pfeffer aus der Mühle
2 Eier · 1–2 TL scharfer Senf
abgeriebene unbehandelte Zitronenschale · etwas Zitronensaft
Chilipulver · 80 g Mehl · 80 g Weißbrotbrösel · Öl zum Braten
4 unbehandelte Zitronenspalten

Schuhbeck empfiehlt:

» Das Kotelett natur sollte innen noch leicht rosa sein. Es wird vor dem Braten nicht gesalzen oder gepfeffert, da es sonst zu viel Wasser zieht. Das panierte Schnitzel hingegen kann man vor dem Braten würzen, da es durch die Panade geschützt ist. Zum panierten Kotelett werden Zitronenspalten gereicht: Die Säure regt die Verdauung an. Das Kotelett natur können Sie auch in Streifen schneiden, in der Sauce wenden und auf Salat anrichten. «

Schweinekotelett natur

1. Den Backofen auf 100 °C vorheizen. Ein Ofengitter auf die mittlere Schiene und darunter ein Abtropfblech schieben.

2. Das Öl in einer beschichteten Pfanne erhitzen und die Koteletts darin bei mittlerer Hitze auf beiden Seiten anbraten.

3. Die Schweinekoteletts auf dem Gitter im Ofen 45 Min. rosa durchziehen lassen.

4. Den Bratensatz mit etwas Brühe ablöschen und in eine Schüssel füllen. Die Butter in der Pfanne zerlassen.

5. Petersilie, Majoran, Knoblauch, Chili und Ingwer dazugeben. Den Bratenfond und noch etwas Butter hinzufügen.

6. Die Sauce salzen. Mit Zitronenschale und -saft abschmecken. Die Koteletts hineingeben und in der Sauce wenden.

Schweinekotelett paniert

1. Schweinekoteletts am Knochen putzen und den Fettrand entfernen. Die Koteletts leicht plattieren. Mit Salz und Pfeffer und nach Belieben mit 1 Prise Chilipulver würzen.

2. Eier mit Senf, Zitronenschale, -saft, Salz und 1 Prise Chili verquirlen. Die Koteletts zuerst im Mehl wenden, dann durch die Eiermasse ziehen und mit Weißbrotbröseln panieren. Nicht zu fest andrücken.

3. Das Öl fingerhoch in eine Pfanne geben und erhitzen. Die Koteletts darin auf beiden Seiten etwa 5 Min. braun und kross braten. Auf Küchenpapier abtropfen lassen. Mit Zitronenspalten servieren.

Fleischpflanzerl & Hamburger

Zutaten (4 Personen)

80 g Weißbrot
120 ml lauwarme Milch
1 kleine Zwiebel
1 EL Butter
250 g Kalbshackfleisch
250 g Schweinehackfleisch
Salz
1 EL Petersilie (frisch geschnitten)
½ TL getrockneter Majoran
2 Eier
1–2 EL scharfer Senf
frisch geriebene Muskatnuss
etwas abgeriebene unbehandelte Zitronenschale
Pfeffer aus der Mühle
Cayennepfeffer
2 EL Öl

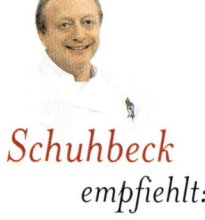

Schuhbeck empfiehlt:

» Der klassische Hamburger ist größer als ein Fleischpflanzerl und enthält im Unterschied zu diesem nur Rinderhackfleisch. Weil er etwas höher ist, wird er beim Braten auch mal auf den Rand gestellt, damit er rundum braun und knusprig wird. In meinen bayerischen Hamburger gebe ich noch etwas scharfen Senf, Zwiebelwürfel, Salz und Pfeffer. «

Das Weißbrot entrinden und in kleine Würfel schneiden. In eine Schüssel geben und mit der warmen Milch übergießen.

Die Zwiebel schälen und würfeln. Die Butter in einer Pfanne zerlassen und die Zwiebelwürfel darin andünsten.

Beide Hackfleischsorten in eine Schüssel geben und salzen. Weißbrot, Zwiebel sowie Petersilie und Majoran dazugeben.

Die Eier in eine Schüssel aufschlagen, den Senf dazugeben, Muskatnuss und Zitronenschale unterrühren.

Die Eier mit dem Stabmixer aufschlagen. Zum Fleisch geben und mit Pfeffer und Cayennepfeffer würzen.

Die Fleischmasse mit den Händen locker vermischen. Kleine Bällchen daraus formen und leicht flach drücken.

Die Fleischpflanzerl in einer Pfanne im heißen Öl bei mittlerer Hitze auf der Unterseite braun braten.

Die Fleischpflanzerl wenden und auch die andere Seite braun braten.

Für Hamburger etwas größere Fleischportionen zu Kugeln formen, flach drücken und im Öl beidseitig braun braten.

Krautwickerl

Zutaten (4 Personen)

4 große Blätter Weißkohl · Salz
50 g Toastbrot (entrindet)
100 ml Milch
1 kleine Zwiebel
1 EL Butter
1 Ei · 1 TL scharfer Senf
abgeriebene Schale von ½ unbehandelten Zitrone
200 g Kalbshackfleisch
200 g Schweinehackfleisch
Pfeffer aus der Mühle
getrockneter Majoran
1 EL Petersilie (frisch geschnitten)
1 EL Öl
150 ml Geflügelbrühe
1 Knoblauchzehe (in Scheiben)
1 Streifen unbehandelte Zitronenschale
1 EL kalte Butter

Schuhbeck empfiehlt:

» Sie können auch einen ganzen Kohlkopf nehmen (den Rest anderweitig verwenden – z. B. für Bayerisches Kraut, siehe S. 134) und den Kopf mit einer Fleischgabel einige Minuten in kochendes Wasser tauchen. So lassen sich die Blätter leicht ablösen.
Würzen Sie die Sauce mit Piment-, Koriander- und Pfefferkörnern sowie Zimtrinde aus der Gewürzmühle. «

Die Kohlblätter in Salzwasser 2 Min. blanchieren. Kalt abschrecken und trocken tupfen. Die Strünke herausschneiden.

Das Toastbrot in Würfel schneiden und in der Milch einweichen. Die Zwiebel schälen und in kleine Würfel schneiden.

Die Zwiebel in einer Pfanne in der Butter glasig dünsten. Das Ei mit dem Senf und der Zitronenschale verquirlen.

Beide Hackfleischsorten mit dem eingeweichten Brot, der Zwiebel und den Eiern mischen. Mit Salz, Pfeffer, Majoran und Petersilie würzen.

Je ein Viertel der Hackfüllung auf ein Kohlblatt setzen. Die Längsseiten der Blätter einschlagen und die Blätter von der schmalen Seite aufrollen. Mit Küchengarn festbinden.

Die Krautwickerl in einer Pfanne im Öl rundum anbraten. Die Brühe dazugießen und die Krautwickerl zugedeckt 30 Min. darin schmoren. Die Sauce mit Majoran, Knoblauch und Zitronenschale aromatisieren. Mit der kalten Butter binden.

> Krautwickerl mit Tomatensauce

Sie können die Krautwickerl auch in einer Tomatensauce schmoren: Dafür die angebratenen Rouladen aus der Pfanne nehmen und den Bratensatz mit Brühe ablöschen. Je 1 Karotte, Zwiebel und ½ Knoblauchzehe schälen und in Würfel schneiden. In 1 EL Öl andünsten und 1 TL Tomatenmark unterrühren. Den abgelöschten Bratensatz und 200 g passierte Tomaten dazugeben. Die Krautwickerl hinzufügen und zugedeckt 30 Min. schmoren lassen. Die Sauce mit Salz, Zucker und Cayennepfeffer würzen.

Gefüllte Paprika & Paprika enthäuten

Zutaten

Für die gefüllten Paprika (4 Personen):
4 rote Paprikaschoten
1 Zwiebel (geschält und in Würfel geschnitten)
1 EL Öl
500 g Hackfleisch (z. B. vom Rind, Lamm oder Schwein)
1–2 EL Tomatenmark
125 g Langkornreis (ungegart)
175 ml Geflügelbrühe
Salz · Pfeffer aus der Mühle
Cayennepfeffer
Zimtpulver
gemahlener Koriander
gemahlener Piment

Für die enthäuteten Paprika:
rote oder gelbe Paprikaschoten
Öl zum Bepinseln

Schuhbeck *empfiehlt:*

» Wer keinen Backofengrill besitzt, kann die Paprikaschoten auch im Backofen garen: Den Ofen auf 130 °C vorheizen und die vorbereiteten Paprikaviertel darin etwa 45 Min. erhitzen, bis die Haut leicht runzelig ist. Herausnehmen und etwas abkühlen lassen, dann die Haut abziehen. «

Gefüllte Paprika

Paprikaschoten waschen, den Stiel mit etwas Fruchtfleisch wie einen kleinen Deckel abschneiden, die Kerne entfernen.

Zwiebel im Öl bei mittlerer Hitze glasig anbraten. Hackfleisch dazugeben und anbraten, bis es krümelig und hell geworden ist.

Das Tomatenmark und den Reis unterrühren und etwas mitdünsten lassen.

100 ml Brühe dazugeben und mit Salz, Pfeffer, Cayennepfeffer und je 1 kleinen Prise Zimt, Koriander und Piment würzen.

Die restliche Brühe in eine ofenfeste Form gießen. Die Hackfleischmasse in die Paprikaschoten füllen. Den Backofen auf 180 °C vorheizen.

Die Paprika nebeneinander in die Form setzen und die »Deckel« auflegen. Die Paprika im Ofen auf der mittleren Schiene etwa 40 Min. weich schmoren.

Paprika enthäuten

Rote oder gelbe Paprikaschoten putzen, vierteln, entkernen und mit der Hautseite nach oben auf ein mit Alufolie ausgelegtes Backblech legen.

Den Backofengrill einschalten. Die Oberfläche der Paprika mit Öl einpinseln.

Unter dem Grill auf der obersten Schiene etwa 8 Min. garen, bis die Haut schwarze Blasen wirft. Die Paprika von der spitzen Seite zum Stiel hin enthäuten.

Szegediner Gulasch

Zutaten (4 Personen)

Für das Fleisch:

1 kg Schweinefleisch (aus der Schulter; küchenfertig) · 1 EL Öl
3 Zwiebeln (geschält und in Streifen geschnitten) · 1 EL Tomatenmark
700 ml Gemüsebrühe
1 EL Paprikapulver (edelsüß)
Cayennepfeffer · Salz

Für das Sauerkraut:

1 Zwiebel (geschält und in Streifen geschnitten) · 1 EL Öl
400 g Sauerkraut
1 Schuss Weißwein
1 Lorbeerblatt · 5 Wacholderbeeren
150 ml Gemüsebrühe · 2 EL Apfelmus

Für das Gulaschgewürz:

1–2 Knoblauchzehen
je 1 TL Kümmelsamen und getrockneter Majoran
1 TL abgeriebene unbehandelte Zitronenschale

Schuhbeck *empfiehlt:*

» Salzen Sie das Fleisch auf keinen Fall beim Anbraten, das würde Flüssigkeit aus dem Fleisch ziehen und es hart machen.
Bleibt vom Gulaschgewürz etwas übrig, kann man es mit etwas weicher Butter verrühren, in Frischhaltefolie wickeln und mehrere Tage im Kühlschrank aufbewahren oder mehrere Wochen einfrieren. So bleibt das Aroma der Gewürze voll erhalten. «

Das Fleisch in Würfel schneiden. Das Öl in einem großen Topf erhitzen, die Zwiebelstreifen darin andünsten. Das Fleisch dazugeben und hell anbraten.

Das Tomatenmark hinzufügen und kurz mitdünsten. Mit der Brühe ablöschen und das Gulasch knapp unter dem Siedepunkt 1 Std. ziehen lassen.

Für das Kraut Zwiebel in Öl glasig dünsten, Kraut dazugeben. Wein, Gewürze, Brühe und Apfelmus unterrühren. 50–60 Min. bei milder Hitze ziehen lassen.

Für das Gulaschgewürz den Knoblauch schälen und hacken. Kümmel hacken. Knoblauch, Kümmel, Majoran und Zitronenschale vermischen.

Die Gewürzmischung mit Paprika und 1 Prise Cayennepfeffer zum Gulasch geben und mit Salz abschmecken.

Das Kraut unter das Gulasch rühren und 10 Min. ziehen lassen. Nach Belieben mit einem Tupfer Crème fraîche oder saurer Sahne servieren.

> Rindergulasch & Co.

Rindergulasch wird mit Zwiebeln (gleiche Menge Zwiebeln und Fleisch), Fleischwürfeln aus der Rinderschulter, Tomatenmark und Brühe genauso angesetzt wie Szegediner Gulasch, allerdings ohne hinterher Sauerkraut dazuzugeben. Gewürzt wird zum Schluss mit Paprika und dem Gulaschgewürz (siehe oben). Für Kalbsrahmgulasch verwendet man natürlich Kalbfleisch (Schulter) und gibt am Ende der Garzeit noch einen Schuss Sahne dazu.

Schweinshaxen gegrillt & g'surt

Zutaten (4 Personen)

Für die gegrillten Haxen:
1 Zwiebel · 1 Lorbeerblatt
3 Gewürznelken · Salz
4 hintere Schweinshaxen
(à ca. 1 ½ kg)
1 TL schwarze Pfefferkörner
1 TL Kümmelsamen

Für die g'surten Haxen:
4 gepökelte Schweinshaxen
(à ca. 1 ½ kg)
1 Petersilienwurzel
2 Karotten
1 Sellerieknolle
1 Zwiebel · 1 Stange Lauch
2–3 Lorbeerblätter
einige Wacholderbeeren
1–2 TL schwarze Pfefferkörner
4–5 Gewürznelken
1 Spritzer Weißweinessig
1 TL Zucker

Schuhbeck empfiehlt:

» Damit das Gemüse im Topf mit dem Eisbein nicht so leicht zerfällt, gebe ich etwas Essig dazu. Zur g'surten Haxe passen Erbsen- und Kartoffelpüree, Salat, Sauerkraut und eine Meerrettichsauce. Sie können auch das Gemüse dazu servieren. Aus dem Kochsud lässt sich eine Kräutersauce zubereiten: Dafür etwas Sud mit gehackten Kräutern mit dem Stabmixer pürieren und 1 EL kalte Butter unterrühren. «

Gegrillte Schweinshaxen

Die Zwiebel schälen, mit dem Lorbeerblatt belegen und mit den Gewürznelken feststecken. Reichlich Salzwasser aufkochen.

Die Haxen mit Zwiebel, Pfeffer und Kümmel darin zugedeckt knapp unter dem Siedepunkt 1½ Std. ziehen lassen.

Den Backofen auf 200 °C (Umluft) vorheizen. Ein Ofengitter auf die mittlere Schiene, darunter ein Abtropfblech schieben.

Die Haxen auf das Ofengitter legen und im Ofen 1 Std. rundum kross braten.

Die Haxen aus dem Ofen nehmen. Auf einem Brett mit einem Sägemesser am Knochen entlang einschneiden.

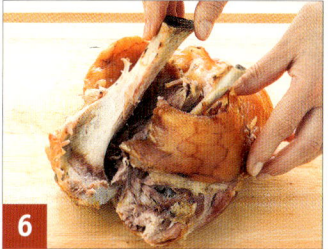

Den Knochen durch Drehen auslösen. Das Fleisch in Portionen schneiden. Dazu passt Krautsalat mit Speck.

G'surte Schweinshaxen

Die Haxen in einen Topf mit reichlich heißem Wasser geben und offen 1½ Std. ziehen, nicht kochen lassen. Petersilienwurzel, Karotten, Sellerie und Zwiebel schälen. Lauch putzen, waschen, alles in Stücke schneiden.

Alles mit Lorbeerblättern, Wacholderbeeren, Pfeffer und Nelken in den Topf geben. Essig und Zucker unterrühren. Die Haxen darin knapp unter dem Siedepunkt 1 Std. ziehen lassen.

Die Haxen mit dem Schaumlöffel herausnehmen und abtropfen lassen. Mit einem scharfen Messer am Knochen längs einschneiden. Den Knochen aus dem Fleisch herausdrehen. Das Fleisch klein schneiden.

Krustenbraten

Zutaten (4–6 Personen)

1,2 l Geflügel- oder Gemüsebrühe
1,5 kg Schweinebauch (mit Schwarte, ohne Knochen; küchenfertig)
500 g Fleischknochen vom Kalb
2 Zwiebeln · 120 g Knollensellerie
1 kleine Karotte · 1–2 TL Öl
1 EL Tomatenmark
1 TL Puderzucker
1 geh. TL Mehl
150 ml kräftiger Rotwein
dunkles Bier zum Bestreichen
einige Kümmelsamen · Salz
½–1 TL getrockneter Majoran
1 Knoblauchzehe (geschält und in Scheiben geschnitten)
2 Scheiben Ingwer
1 Lorbeerblatt
3 Streifen unbehandelte Zitronenschale
Cayennepfeffer

Schuhbeck empfiehlt:

» Anstatt mit Mehl können Sie die Sauce auch mit Speisestärke binden. Dafür ein wenig Speisestärke mit kaltem Wasser anrühren, zum Schluss zur Sauce gießen und diese nochmals kurz aufkochen lassen. Die Bratenkruste darf übrigens ruhig kleine Blasen werfen. «

1. In einen Bräter 3 bis 4 cm hoch Brühe füllen. Das Fleisch mit der Schwarte nach unten hineingeben. Im auf 130 °C vorgeheizten Ofen 1 bis 1¼ Std. garen.

2. Das Fleisch herausnehmen und die Schwarte scheibenweise nicht zu tief einschneiden. Dabei darauf achten, dass auch die Ränder eingeschnitten sind.

3. Die Brühe in ein Sieb abgießen, auffangen und beiseitestellen. Den Bräter mit Küchenpapier trocken tupfen.

4. Für die Sauce die Kalbsknochen klein hacken und im auf 200 °C vorgeheizten Backofen etwa 30 Min. goldbraun rösten.

5. Das Gemüse schälen, in Würfel schneiden. Im Bräter im Öl anbraten. Knochen, Tomatenmark und Puderzucker mit anbräunen.

6. Mehl darüberstäuben. Mit Wein ablöschen und einkochen lassen. So viel beiseitegestellte Brühe angießen, dass alles bedeckt ist.

7. Den Schweinebraten auf das Gemüse in den Bräter legen und im auf 160 °C vorgeheizten Backofen auf der mittleren Schiene gut 2 Std. garen.

8. Den Schweinebraten mit Bier bestreichen, herausnehmen und auf ein Backblech setzen. Mit Kümmel und Salz bestreuen und die Kruste im Ofen bei 200 °C Oberhitze 15 bis 20 Min. garen, bis sie braun ist.

9. Kümmel, Majoran, Knoblauch, Ingwer, Lorbeerblatt und Zitronenschale in der Sauce aufkochen, 10 Min. ziehen lassen. Mit Salz und Cayennepfeffer würzen, etwas ziehen lassen und die Sauce durch ein Sieb gießen.

Lammkarree & Lammeintopf

Zutaten (4 Personen)

Für das Lammkarree:
700 g Lammkarree (küchenfertig)
1 EL Olivenöl
2 EL Butter · 2–3 Knoblauchzehen
(ungeschält und halbiert)
1 TL Fenchelsamen
3 Streifen unbehandelte
Zitronenschale
2–3 Thymianzweige
Salz · Pfeffer aus der Mühle

Für den Lammeintopf:
400 g Lammfleisch (küchenfertig)
2 EL Olivenöl · 1 l Gemüsebrühe
3 Zwiebeln · 3 Gewürznelken
3 Lorbeerblätter
100 g Knollensellerie
1–2 Karotten
350 g kleine festkochende Kartoffeln
(geschält und in Würfel geschnitten)
300 g breite grüne Bohnen · Salz
1 Knoblauchzehe (geschält und in
Scheiben geschnitten)
1 frischer Bohnenkrautzweig
3–4 Streifen unbehandelte
Zitronenschale
1 EL Petersilie (frisch geschnitten)
Fenchelsamen, Koriander- und
schwarze Pfefferkörner für die
Gewürzmühle
100 g Tomatenwürfel (ohne Haut)

Lammkarree

1. Lammkarree in einer Pfanne im heißen Öl rundum leicht anbraten. Im auf 100 °C vorgeheizten Backofen auf dem Ofengitter (darunter ein Abtropfblech) auf der mittleren Schiene 45 Min. bis 1 Std. garen.

2. Butter in einer Pfanne zerlassen, Knoblauch, Fenchel, Zitronenschale und Thymian hinzufügen, salzen und pfeffern. Karree aus dem Ofen nehmen, in der Butter wenden und mit einem Löffel die Butter darüberträufeln.

3. Das Lammkarree in Scheiben schneiden und auf Tellern anrichten. Mit der übrigen Butter aus der Pfanne beträufeln. Dazu passen etwas Weißbrot und ein Glas Rotwein.

Lammeintopf

1. Lammfleisch in Würfel schneiden. 1 EL Olivenöl in einem großen Topf erhitzen, die Fleischwürfel darin leicht anbraten.

2. Mit Brühe ablöschen. 1 Zwiebel schälen, mit Nelken und Lorbeerblättern spicken und hinzufügen. Fleisch 45 Min. bis 1 Std. ziehen, nicht kochen lassen.

3. Übrige Zwiebeln, Sellerie und Karotten schälen, klein schneiden. In einem großen Topf im restlichen Öl andünsten. Kartoffelwürfel hinzufügen.

4. Die gespickte Zwiebel aus der Brühe nehmen. Das Fleisch mit der Brühe zum Gemüse geben, weitere 20 Min. ziehen lassen.

5. Die Bohnen putzen, waschen und schräg in Stücke schneiden. Kurz in Salzwasser blanchieren und zum Eintopf geben.

6. Knoblauch, Bohnenkraut, Zitronenschale, Petersilie hinzufügen, salzen. Mit der Gewürzmühle würzen. Tomaten unterrühren.

HÄHNCHENBRUSTFILETS MIT CURRYSAUCE

ZUTATEN (2 PERSONEN)

1 kleine Zwiebel
¼ kleine Ananas
½ Apfel (z. B. Braeburn)
2 EL Öl
1–2 EL Currypulver
3 Vanilleschoten
1 Knoblauchzehe (in Scheiben)
5 Scheiben Ingwer
300 ml Gemüsebrühe
150 ml Kokosmilch
150 g Sahne
2 Stängel Zitronengras
2 kleine rote Chilischoten
(gewaschen und entkernt)
1 EL Speisestärke
2 Hähnchenbrustfilets (ohne Haut)
2 EL Granatapfelkerne
1 EL Frühlingszwiebelringe
je 2 EL Mango- und Ananasstücke
1 EL Olivenöl
1 EL kalte Butter

Schuhbeck empfiehlt:

» Sie können das Hähnchen auch einmal durch Poularde, Perlhuhn oder Fasan ersetzen. Wenn Sie die Hähnchenstücke über Nacht in Joghurt mit etwas Zitrone einlegen, werden sie besonders zart. Um zu prüfen, ob die Sauce durch die Speisestärke schon dick genug ist, nehmen Sie am besten 1 EL Sauce ab und tropfen ihn in ein kleines Schüsselchen oder auf einen Teller. So können Sie die Konsistenz der Sauce gut erkennen. «

Die Zwiebel schälen und in grobe Würfel schneiden. Die Ananas schälen und mit dem Strunk in Stücke schneiden.

Den Apfel waschen und in Stücke schneiden. Zwiebel, Ananas und Apfel in einem Topf in 1 EL Öl bei mittlerer Hitze andünsten.

Den Curry darüberstäuben. Vanille, Knoblauch und Ingwer hinzufügen und kurz mitdünsten. Mit der Brühe ablöschen.

Kokosmilch und Sahne angießen. Zitronengras putzen, waschen und in Ringe schneiden. Die Chilis klein schneiden.

Beides zufügen, die Sauce aufkochen. Stärke mit Wasser glatt rühren, unter die Sauce mischen und etwa 5 Min. köcheln lassen.

Dann die Currysauce durch ein Sieb in einen weiteren Topf gießen, die Zutaten leicht ausdrücken und die Sauce warm halten.

Die Hähnchenbrustfilets waschen, trocken tupfen und in je 3 Stücke schneiden. Das Hähnchenfleisch in 1 EL Öl auf beiden Seiten anbraten. In die Currysauce geben und darin knapp unter dem Siedepunkt etwa 10 Min. ziehen lassen.

Die Granatapfelkerne, die Frühlingszwiebelringe und die Mango- und Ananasstücke in einer Pfanne im Olivenöl kurz anbraten. Das Fleisch aus der Sauce nehmen und auf vorgewärmte Teller verteilen.

Die Currysauce nach Belieben mit Salz und braunem Zucker abschmecken, die Butter hinzufügen. Die Sauce mit dem Stabmixer aufschäumen, auf die Hähnchenbrustfilets verteilen und das Obst und die Frühlingszwiebelringe daraufgeben.

Backhendl & Entenbrust

Zutaten (4 Personen)

Für das Backhendl:
4 Hähnchenbrustfilets (à 170 g; ohne Haut)
Salz · Pfeffer aus der Mühle
80 g doppelgriffiges Mehl (Wiener Grießler)
100 g Weißbrotbrösel
2 Eier
frisch geriebene Muskatnuss
Öl zum Frittieren

Für die Entenbrust:
2 Barbarie-Entenbrüste (küchenfertig)
1 EL Öl
Salz · Pfeffer aus der Mühle

Schuhbeck *empfiehlt:*

» Das Backhendl nach dem Würzen und Panieren zügig weiterverarbeiten, denn das Salz zieht die Feuchtigkeit aus dem Fleisch – die Panade wird matschig und löst sich schneller ab.
Beim Einschneiden der Entenbrust unbedingt darauf achten, dass die Fettschicht auch am Rand eingeschnitten ist. So verhindern Sie, dass sich die Entenbrust beim Braten wölbt. «

Backhendl

1. Die Hähnchenbrüste waschen, trocken tupfen und jeweils in 3 gleich große Stücke schneiden. Mit Salz und Pfeffer würzen.

2. Mehl und Brösel jeweils in ein Schälchen geben. Eier in einem weiteren Schälchen verquirlen, mit Muskat und Pfeffer würzen.

3. Die Fleischstücke zuerst im Mehl wenden, dann durch das verquirlte Ei ziehen.

4. Die Hähnchenstücke ganz leicht in die Weißbrotbrösel drücken, sodass sie rundum damit bedeckt sind.

5. In einer Pfanne 1 cm hoch Öl erhitzen. Einen Holzlöffelstiel hineinhalten, wenn daran Bläschen aufsteigen, ist das Öl heiß.

6. Die Backhendl von beiden Seiten im heißen Öl frittieren. Nach Belieben sofort mit etwas Zitronensaft beträufeln.

Entenbrust

1. Entenbrüste waschen, trocken tupfen und die Haut kreuzweise nicht zu tief einschneiden. Die Entenbrüste im heißen Öl auf der Hautseite bei milder Hitze 4 bis 5 Min. kross braten.

2. Entenbrüste wenden und die Fleischseite ganz kurz anbraten. Dabei die Seiten ein wenig anheben, damit auch die Ränder anbraten. Vom Herd nehmen.

3. Ein Ofengitter auf die mittlere Schiene schieben. Das Fleisch mit der Haut nach oben darauf im auf 100 °C vorgeheizten Ofen 50 Min. rosa garen. Mit Salz und Pfeffer würzen.

Brathähnchen & Geschnetzeltes

Zutaten

Für das Brathähnchen (4 Pers.):
1 Hähnchen (ca. 1,2 kg; küchenfertig)
Salz
je ½ unbehandelte Zitrone und Orange
1–2 Rosmarinzweige (in Stücke geschnitten)
100 g flüssige Butter zum Bepinseln (gesalzen)

Für das Geschnetzelte (2 Pers.):
2 Hähnchenbrustfilets
1 TL Öl
1 Streifen unbehandelte Zitronenschale
1 Knoblauchzehe (geschält und halbiert)
1 EL Butter
Salz · Pfeffer aus der Mühle

Schuhbeck *empfiehlt:*

» Das Brathähnchen verschließt man nach dem Füllen am besten mit einem Zahnstocher oder Holzstäbchen. Das Braten bei hoher Temperatur in den letzten Minuten gibt dem Hähnchen eine schöne goldbraune Farbe und lässt die Haut wunderbar knusprig werden.
Das Hähnchengeschnetzelte sollte zwar durchgegart sein, dabei aber saftig bleiben. Deshalb ist es wichtig, das fettarme Hähnchenfleisch bei milder Hitze und nicht zu lange zu garen. «

Brathähnchen

1. Das Hähnchen waschen und trocken tupfen. Innen mit Salz würzen. Den Backofen auf 160 °C vorheizen.

2. Zitrusfrüchte waschen, trocken reiben und in Stücke schneiden. Mit Rosmarin mischen, Hähnchen damit füllen.

3. Auf dem Ofengitter im Ofen 1¼ Std. garen. Hitze auf 200 °C erhöhen und weitere 20 bis 30 Min. garen. Gelegentlich mit Butter bepinseln.

Geschnetzelte Hähnchenbrust

1. Die Hähnchenbrustfilets waschen und trocken tupfen, Haut und Sehnen entfernen. Die Hähnchenbrüste in mundgerechte Stücke schneiden.

2. Das Öl in einer Pfanne erhitzen und die Fleischstücke nebeneinander hineinlegen. Die Zitronenschale und den Knoblauch dazugeben und die Hähnchenteile bei milder Hitze auf der Unterseite farblos anbraten.

3. Die Hähnchenstücke wenden und 1 bis 2 Min. fertig garen. Die Butter hinzufügen und schmelzen lassen, das Geschnetzelte mit Salz und Pfeffer würzen. Knoblauch und Zitronenschale entfernen.

> ## Gebratene Hähnchenbrust
>
> Eine Hähnchenbrust waschen, trocken tupfen und in wenig Öl auf der Hautseite bei mittlerer Hitze etwa 3 Min. anbraten. Nehmen Sie dann die Pfanne vom Herd, wenden die Brust und braten sie noch etwa 1 Min. in der Nachhitze der Pfanne. Dann lassen Sie das Fleisch etwa 30 Min. im auf 100 °C vorgeheizten Backofen auf dem Ofengitter saftig durchziehen, anschließend mit Salz und Pfeffer würzen.

Chicken wings & Mango-Chutney

Zutaten (4 Personen)

Für die Chicken wings:
1 ½ kg Hähnchenflügel
ca. 2 EL Steak- und Grillgewürz
(z. B. von Alfons Schuhbeck)
Olivenöl
Salz · brauner Zucker oder Honig

Für das Mango-Chutney:
1 EL Zimtsplitter
2 Zacken Sternanis
4 grüne Kardamomkapseln
1 TL Pimentkörner
1 große reife Mango
1 Zwiebel (geschält)
1 TL brauner Zucker
1 Spritzer Rotweinessig
ca. 50 ml Weißwein
1 kleine rote Chilischote (in Ringen)
1 ausgekratzte Vanilleschote
1 Knoblauchzehe (in Scheiben)
2–3 Scheiben Ingwer

Schuhbeck empfiehlt:

» Falls Sie die Gewürzmischung für die Chicken wings selber machen möchten, geben Sie 2 EL Paprikapulver (edelsüß), 1 TL Cayennepfeffer, je ½ TL Kreuzkümmel und Kümmelsamen, je 1 TL Koriander- und gelbe Senfkörner, 2 TL Kurkumapulver, 1 EL schwarze Pfefferkörner, je 1 TL getrockneten Thymian und Oregano, 1 EL gehackten Ingwer, 2 gehackte Knoblauchzehen und 1 TL Zimtsplitter in den Mörser und zerreiben sie. «

Chicken wings

1. Am Vortag die Hähnchenflügel waschen und trocken tupfen. In eine Schüssel geben.

2. Die Gewürzmischung in einer Schüssel mit etwa 100 ml Öl gut verrühren und je 1 Prise Salz und braunen Zucker unterrühren.

3. Die Hähnchenflügel mit der Marinade übergießen.

4. Die Hähnchenflügel gut mit der Marinade mischen und zugedeckt über Nacht im Kühlschrank ziehen lassen.

5. Am nächsten Tag den Backofen auf 180 °C vorheizen. Hähnchenflügel auf einem Backblech verteilen, etwas Öl darüberträufeln.

6. Die Chicken wings im Ofen auf der mittleren Schiene 20 Min. knusprig braun braten.

Mango-Chutney

1. Für die Gewürzmischung Zimt, Sternanis, Kardamom und Piment in einem Topf ohne Fett anrösten, bis die Gewürze zu duften beginnen. Etwas abkühlen lassen und die Gewürze im Mörser grob zerstoßen.

2. Mangofruchtfleisch vom Stein schneiden, schälen. Mit der Zwiebel in Würfel schneiden. Braunen Zucker im Topf karamellisieren, Zwiebel darin andünsten. Mit Essig und Wein ablöschen, einköcheln lassen.

3. Mango und Chili (etwas beiseitelegen), Vanille, Knoblauch, Ingwer und Gewürze zugeben, bei milder Hitze 5 bis 10 Min. einköcheln lassen. Das Chutney durch ein Sieb streichen, übrige Mango und Chili unterrühren.

GEFÜLLTES PERLHUHN

ZUTATEN (4 PERSONEN)

1 Perlhuhn oder Poularde (ca. 1,2 kg; ohne Flügel) · Salz · Chilipulver

ca. 120 ml lauwarme Milch · 1 Ei

frisch geriebene Muskatnuss

etwas abgeriebene unbehandelte Zitronenschale

120 g Laugenstange (in Würfeln; ohne Salz)

2 EL Petersilie (frisch geschnitten)

100 g Kalbsbrät (vom Metzger)

1–2 EL Sahne

1 EL getrocknete Totentrompetenpilze (eingeweicht und klein geschnitten)

ca. 50 g Hinterschinken (in Würfeln)

1–2 Zwiebeln · ½ Karotte

80 g Knollensellerie

2 EL Öl

ca. 300 ml Geflügelbrühe

1 Rosmarinzweig · 2 Lorbeerblätter

1 Knoblauchzehe (in Scheiben)

3 Scheiben Ingwer

Pfeffer aus der Mühle

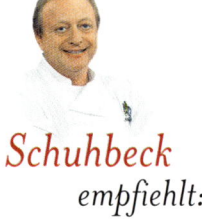

Schuhbeck empfiehlt:

» Für die Füllung kann man statt Schinken auch Hähnchenbrust verwenden. Falls noch etwas von der Füllung übrig bleibt, bereiten Sie sie wie einen Brezenknödel zu. Als Beilage dazu passt in Stangen geschnittenes blanchiertes Gemüse wie Knollen- und Staudensellerie sowie gelbe und orangefarbene Karotten. Statt Perlhuhn können Sie auch Wachteln oder Maishähnchen mit der Füllung zubereiten. «

Huhn waschen, trocken tupfen, mit dem Rücken nach oben auf die Arbeitsfläche legen. Entlang des Rückgrats einschneiden.

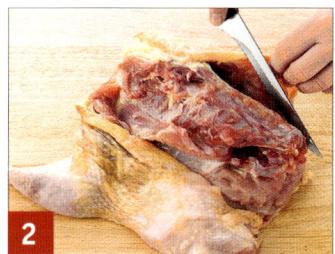

Dabei das Fleisch von der Karkasse und die Keulen aus den Gelenken lösen. Die andere Seite ebenso auslösen.

Mit Messer innen am Brustbein entlangfahren, Haut nicht verletzen. Karkasse auslösen. Huhn innen mit Salz, Chili würzen.

Die Karkasse hacken, waschen und im 200 °C heißen Ofen 15 bis 20 Min. rösten. Für die Füllung Milch und Ei verquirlen.

Mit Salz, Chili, Muskatnuss und Zitronenschale würzen. Über die Laugenwürfel gießen und die Petersilie unterrühren.

Das Brät mit der Sahne verrühren. Unter die Füllung mischen und Pilze und Schinken unterrühren. 10 Min. ziehen lassen.

Füllung längs in der Mitte auf dem Huhn verteilen, das Fleisch darüber zusammenklappen, die Enden dabei etwas überlappen. Mit Rouladennadeln der Länge nach feststecken und das Perlhuhn auf den Rücken drehen, in die ursprüngliche Form bringen.

Backofen auf 150 °C vorheizen. Gemüse schälen und in Rauten schneiden. Gemüse und Knochen in der Bratreine im Öl 2 bis 3 Min. anbraten, das Huhn daraufsetzen und die Unterschenkel mit Küchengarn zusammenbinden. Die Brühe angießen.

Das Perlhuhn im Ofen auf der mittleren Schiene 50 bis 60 Min. garen. Nach 20 Min. die ganzen Gewürze dazugeben. Das Huhn aus dem Bräter nehmen, die Nadeln entfernen. Die Sauce durch ein Sieb gießen und etwas einköcheln lassen. Mit Salz und Pfeffer würzen.

REHRÜCKENFILET & REHSAUCE

ZUTATEN

Für die Rehsauce (ca. 1 l):
je 700 g Rehknochen (vom Rücken)
und Kalbsknochen
2 Zwiebeln · 1 Karotte
150 g Knollensellerie
2 TL Puderzucker
1 EL Tomatenmark · 300 ml Rotwein
2 l Geflügelbrühe oder Gemüsebrühe
(schwach gesalzen)
1 Knoblauchzehe (geschält und
halbiert) · 2 Scheiben Ingwer
1 Lorbeerblatt
1 TL Wacholderbeeren
(leicht angedrückt)
1 TL Pimentkörner
einige Splitter Zartbitterkuvertüre
1 TL Preiselbeerkompott
1 TL Sahne
Salz · Pfeffer aus der Mühle
1–2 TL kalte Butter

Für das Rehrückenfilet (4 Pers.):
1 EL Öl · 400 g Rehrückenfilet
(küchenfertig) · 1 EL Butter · Salz
bunter Pfeffer (grob gemahlen)
1 TL Wacholderbeeren
5 Pimentkörner · 1 Lorbeerblatt
1 Scheibe Ingwer
2 Streifen unbehandelte
Orangenschale
1 Rosmarinzweig

Rehsauce

Knochen klein hacken, waschen und auf einem Blech im auf 220 °C vorgeheizten Ofen etwa 40 Min. rundum bräunen.

Gemüse putzen, schälen und in 2 cm große Würfel schneiden. In einem Topf Zucker karamellisieren, Gemüse dazugeben.

Das Tomatenmark hinzufügen und alles unter Rühren bei mittlerer Hitze andünsten.

Mit 100 ml Wein ablöschen und sirupartig einkochen lassen. Restlichen Wein auf zweimal hinzufügen, jeweils sirupartig einkochen lassen.

Gebräunte Knochen dazugeben, Brühe angießen. Sauce bei milder Hitze etwa 2 Std. leicht köcheln lassen. Durch ein Sieb in eine tiefe Pfanne gießen.

Auf ein Drittel einkochen lassen. Gewürze hinzufügen, etwas ziehen lassen. Mit Kuvertüre, Kompott, Sahne, Salz und Pfeffer abschmecken, Butter unterrühren.

Rehrückenfilet

Den Backofen auf 100 °C vorheizen. In einer beschichteten Pfanne das Öl erhitzen und das Rehrückenfilet darin rundum anbraten.

Ein Ofengitter auf die mittlere Schiene und darunter ein Abtropfblech schieben. Das Filet auf dem Gitter im vorgeheizten Ofen 30 bis 40 Min. rosa durchziehen lassen, herausnehmen.

Die Butter in einer Pfanne zerlassen, mit Salz, Pfeffer, Wacholderbeeren, Piment, Lorbeerblatt, Ingwer, Orangenschale und Rosmarin würzen. Das Rehrückenfilet darin wenden. Zum Servieren in Scheiben schneiden.

Süsses & Desserts

Bayerische Creme

Zutaten (4 Personen)

2 Blatt Gelatine
½ Vanilleschote
3 Eigelb
50 g Puderzucker
300 g Sahne
1 Schuss Orangenlikör oder Kirschwasser

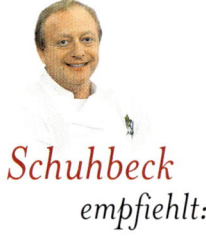

Schuhbeck empfiehlt:

» Gelatine wird immer in kaltem Wasser eingeweicht, gut ausgedrückt und anschließend in etwas warmer Flüssigkeit aufgelöst. Wer keine Portionsförmchen zur Hand hat, füllt die Creme in Kaffeetassen oder kleine Gläser. Die Creme kann zum Servieren auf Dessertteller gestürzt werden. Frische Früchte wie Himbeeren und Heidelbeeren oder das Erdbeermark von S. 224 passen hervorragend zu der Creme. «

Die Gelatineblätter in einer Schüssel in reichlich kaltem Wasser einweichen.

Die Vanilleschote längs aufschneiden und mit dem Rücken der Messerspitze das Mark herauskratzen.

Die Eigelbe mit dem Vanillemark und dem Puderzucker in eine Schüssel geben.

Die Zutaten verrühren und mit dem Schneebesen zu einer hellschaumigen Masse aufschlagen.

Die Sahne in einem hohen Rührbecher mit den Schneebesen des Handrührgeräts steif schlagen.

Orangenlikör in einem kleinen Topf erwärmen. Die Gelatine gut ausdrücken und unter Rühren im Orangenlikör auflösen.

Den Orangenlikör mit der aufgelösten Gelatine mit dem Schneebesen rasch unter die Eigelbmasse rühren.

Ein Drittel der Sahne mit dem Schneebesen unter die Eigelbmasse rühren. Die restliche Sahne vorsichtig unterheben.

Creme in Portionsförmchen füllen, diese leicht auf die Arbeitsfläche klopfen. Die Creme 1 bis 2 Std. in den Kühlschrank stellen.

TOPFEN-APRIKOSEN-CREME

ZUTATEN (4 PERSONEN)

400 g Aprikosen

3 EL Zucker

Zitronensaft

3 EL Weißwein

1 rote Chilischote

2 Zimtrinden

1 ausgekratzte Vanilleschote

5 Wacholderbeeren

2 ½ Blatt Gelatine

2 EL Aprikosenlikör

200 g Quark

150 g geschlagene Sahne

Schuhbeck empfiehlt:

» Sie können den Aprikosenröster natürlich auch als Dessert servieren. Dann mischen Sie am besten kurz vor dem Anrichten frische Erdbeerstücke und Himbeeren darunter.
Wer es gerne etwas knackiger mag, kann noch kleine Aprikosenstücke vor dem Portionieren unter die Topfencreme rühren. «

Backofen auf 180 °C vorheizen. Die Aprikosen waschen, trocken tupfen, vierteln und entsteinen. In einer Auflaufform verteilen.

Zucker, Zitronensaft und Wein zu den Aprikosen geben. Chili längs halbieren, entkernen, waschen und klein schneiden.

Zimt, Vanille, Wacholderbeeren und Chili zu den Früchten geben und den Aprikosenröster im Ofen etwa 20 Min. weich garen.

Die ganzen Gewürze aus dem Röster entfernen. Die Aprikosen in einem hohen Rührbecher mit dem Stabmixer pürieren.

Das Aprikosenpüree durch ein Sieb streichen, sodass keine Schalen mehr im Mark sind.

Die Gelatine in einer Schüssel in kaltem Wasser einweichen.

Einen kleinen Topf auf dem Herd erhitzen. Die Gelatine ausdrücken und in den Topf geben. Mit dem Aprikosenlikör ablöschen und die Gelatine unter Rühren darin auflösen.

Das Aprikosenpüree unter die Gelatinemischung rühren. Den Quark und den Saft von ½ Zitrone in eine Schüssel geben und die Aprikosenmischung unterrühren. Zuletzt die geschlagene Sahne unterheben.

Die Creme in Dessertgläser oder Portionsschälchen füllen und 1 Std. kühl stellen. Nach Belieben mit Aprikosenspalten, Granatapfelkernen und Minzeblättern anrichten.

Karamell kochen & Rahmkaramell

Zutaten

Für den Karamell:
150 g Zucker

Für den Rahmkaramell:
100 g Zucker
250 g flüssige Sahne
120 g cremig geschlagene Sahne

Schuhbeck empfiehlt:

» Zum Karamellisieren von Crème brulée bestreut man die Creme dicht mit braunem Zucker und karamellisiert sie unter dem Backofengrill auf der obersten Schiene. Wer einen Bunsenbrenner hat, flämmt die Zuckerschicht damit kurz ab.
Auch viele pikante Gemüse- oder Schmorgerichte gewinnen mit einer Spur Süße: Karamellisieren Sie ein wenig Puderzucker, geben Gemüse dazu, lassen es kurz anschwitzen und löschen mit Brühe oder Wein ab. «

Karamell kochen

1 Zucker mit 4 EL Wasser in einem Topf zum Kochen bringen. Köcheln lassen, bis das Wasser weitgehend verdampft ist.

2 Während des Kochens mit einem in Wasser getauchten Pinsel öfter den Zuckerkristallrand von der Topfwand lösen.

3 Der Zuckersirup färbt sich nach und nach dunkler. Dieser Karamell eignet sich zum Eingießen in Förmchen, in die man dann z. B. Crème-caramel-Masse gibt.

Rahmkaramell

1 Einen Topf bei milder Temperatur erhitzen, nach und nach den Zucker hineinstreuen und langsam schmelzen lassen.

2 In einem weiteren Topf die flüssige Sahne erwärmen. Topf mit dem Karamell vom Herd nehmen. Nach und nach die Sahne unterrühren, bis sich der Karamell gelöst hat. Rahmkaramell eignet sich zum Abschmecken von dunklen Saucen.

3 Für eine Karamellsauce die Masse vollständig abkühlen lassen und die geschlagene Sahne unterrühren. Diese Sauce passt zu Apfelkuchen oder zu pochierter Birne.

> ## Saucen verfeinern
>
> Karamellisierter Puderzucker ist die Basis für Wein-Reduktionen: Dafür 1 bis 2 TL Puderzucker in einem Topf karamellisieren, mit 1/8 l kräftigem Wein ablöschen und auf ein Drittel einkochen lassen. Verwenden Sie Rotwein, wenn Sie damit dunkle Fleischsaucen abschmecken, oder Weißwein, wenn Sie mit der Reduktion hellen Geflügel- und Fischsaucen eine raffinierte Note geben wollen.

PARFAIT & GRANITÉ

ZUTATEN (4 PERSONEN)

Für ein Vanille-Parfait:

2 Eigelb

1 Ei

Mark von 2 Vanilleschoten

60 g Zucker

200 g cremig geschlagene Sahne

Für ein Limetten-Granité:

165 g Zucker

110 ml Limettensaft

Weißbier oder Prosecco zum Aufgießen

Schuhbeck empfiehlt:

» Das Vanille-Parfait ist eine Parfait-Grundmasse, die sich gut variieren lässt. Für geeisten Kaiserschmarren zum Beispiel gibt man noch etwas abgeriebene unbehandelte Zitronenschale, Rum und Rumrosinen in die Parfaitmasse, streicht diese auf ein mit Backpapier ausgelegtes Blech oder in eine Form und lässt die Masse im Tiefkühlfach durchfrieren. Die gefrorene Masse wird mit flüssiger Schokolade bestrichen. «

Vanille-Parfait

1. Die Eigelbe mit dem Ei, Vanillemark und 20 g Zucker in einer Schüssel mit dem Schneebesen hellschaumig schlagen.

2. Den restlichen Zucker mit 25 ml Wasser in einen Topf geben und köcheln lassen, bis sich der Zucker vollständig aufgelöst hat.

3. Den heißen Zuckersirup mit dem Schneebesen nach und nach unter die schaumige Eigelbmasse rühren.

4. Die Masse im heißen Wasserbad weiterschlagen, bis sie dickschaumig und maximal 80 °C heiß ist.

5. Danach sofort im kalten Wasserbad, am besten auf Eiswasser, kalt schlagen. Die geschlagene Sahne unterheben.

6. Die Parfaitmasse in Portionsförmchen füllen und zugedeckt im Tiefkühlfach 4 bis 5 Std. gefrieren lassen.

Limetten-Granité

1. Den Zucker mit 325 ml Wasser in einem Topf aufkochen lassen, vom Herd nehmen und abkühlen lassen.

2. Den Limettensaft hinzufügen und unterrühren. In eine Form gießen und im Tiefkühlfach mindestens 4 Std. gefrieren lassen.

3. Das Limetteneis mit einem Löffel aus der Form schaben. Gläser drei Viertel hoch mit Granité füllen und mit Weißbier oder Prosecco aufgießen.

Geeistes vom Kaffee

Zutaten (8 Personen)

1 EL Kaffeebohnen
170 g Sahne
50 g Zucker
50 ml starker Kaffee
2 Eigelb
1 TL Puderzucker
gemahlener Kardamom oder
Zimtpulver zum Bestäuben

Schuhbeck empfiehlt:

» Guter, kräftiger Kaffee ist die Voraussetzung für das traumhafte Aroma dieses Desserts. Noch intensiver wird der Kaffeegeschmack, wenn Sie die Bohnen für die weiße Kaffeesahne über Nacht ziehen lassen. Nehmen Sie das Parfait 10 Min. vor dem Servieren aus dem Tiefkühlfach – dann hat es die perfekte Konsistenz für eiskalten cremigen Kaffeegenuss. «

Kaffeebohnen in einer Pfanne ohne Fett 1 bis 2 Min. rösten. In 50 g kalte Sahne geben und zugedeckt im Kühlschrank mindestens 2 Std. ziehen lassen.

Den Zucker mit dem Kaffee in einem Topf verrühren und einmal aufkochen lassen.

Die Eigelbe in einer Schüssel im heißen Wasserbad mit dem Schneebesen schaumig aufschlagen.

Den gesüßten Kaffee hinzufügen und die Creme hellschaumig aufschlagen.

Die Masse in der Schüssel im eiskalten Wasserbad kalt schlagen und nach Belieben 1 EL Rum hinzufügen.

Die restliche Sahne steif schlagen und nach und nach unter den Eier-Kaffee-Schaum heben.

Die Schaummasse in 8 Espressotassen füllen – dabei noch etwas Platz für das spätere Sahnehäubchen lassen – und 1 Std. ins Tiefkühlfach stellen.

Die Kaffeesahne durch ein Sieb gießen. Den Puderzucker zur Sahne sieben und die Sahne weichschaumig aufschlagen.

Die Tassen mit dem Geeisten aus dem Tiefkühlfach nehmen, die geschlagene Kaffeesahne darauf verteilen und mit Kardamom oder Zimt bestäuben.

Süsse Saucen

Zutaten (je ca. 0,5 l)

Für Erdbeermark:
500 g Erdbeeren
4–5 EL Zucker
einige Spritzer Zitronensaft

Für Schokoladensauce:
250 g Zartbitterschokolade
1 TL Honig
¼ l Milch
1 Scheibe Ingwer
½ aufgeschlitzte Vanilleschote

Für Vanillesauce:
200 ml Milch
200 g Sahne
½–1 Vanilleschote
4 EL Zucker
3 Eigelb · 2 Eier

Schuhbeck *empfiehlt:*

» Die heiße Vanillesauce rührt man am besten mit einem flexiblen Teigschaber ruhig, aber beständig von der Schüsselwand weg. Die Sauce hat ihre optimale Bindung bei etwa 80 °C, dann sollte sie sofort durch ein Sieb gegossen werden – dabei kühlt sie etwas ab und die Vanilleschote bleibt zurück. Vanillesauce ist der ideale Begleiter z. B. zu Apfelstrudel, Erdbeermark passt zur Bayerischen Creme von S. 214 und die Schokosauce schmeckt lecker zu pochierter Birne. «

Erdbeermark

1. Die Erdbeeren verlesen, waschen, putzen und in kleine Stücke schneiden. Erdbeerstücke in eine Schüssel geben.
2. Den Zucker hinzufügen und untermischen, etwas Zitronensaft darüberträufeln.
3. Die Erdbeeren mit dem Stabmixer fein pürieren und mit einem Gummispatel durch ein Sieb in eine Schüssel streichen.

Schokoladensauce

1. Die Schokolade klein hacken, in eine Metallschüssel geben und den Honig hinzufügen.
2. Die Milch mit dem Ingwer und der Vanilleschote in einem Topf aufkochen lassen und über die Schokolade gießen.
3. Vanille und Ingwer entfernen. Masse mit dem Schneebesen zu einer glatten Sauce verrühren. Schokosauce warm servieren.

Vanillesauce

1. Milch, Sahne, aufgeschlitzte Vanilleschote und ausgekratztes Vanillemark mit 2 EL Zucker in einem Topf aufkochen lassen.
2. In einer Metallschüssel Eigelbe, Eier und 2 EL Zucker im heißen Wasserbad mit dem Schneebesen hellschaumig aufschlagen.
3. Die heiße Vanillemilch langsam zu der Eiermasse gießen, dabei stetig weiterrühren. Durch ein Sieb gießen.

Fruchtige Desserts

Zutaten

Für marinierte Beeren (4 Personen):

120 g Himbeeren · 1–2 EL Zucker
einige Spritzer Zitronensaft
500 g gemischte Beeren
1–2 EL Puderzucker
1–2 TL Orangenlikör

Für Melonen-Orangen-Salat (6–8 Personen):

½ Honigmelone
800 g Wassermelone
½ Kantaloup-Melone
3 Orangen
5–6 Minzeblätter
einige Spritzer Zitronensaft
1 EL Puderzucker

Schuhbeck empfiehlt:

» Frucht-Desserts schmecken natürlich am besten, wenn die Früchte ganz reif sind. Machen Sie beim Einkauf von Honig- und Kantaloup-Melonen den Riechtest: Wenn sie reif sind, haben sie einen angenehm fruchtigen Duft. Reife Wassermelonen erkennen Sie daran, dass sie dumpf klingen, wenn Sie daraufklopfen. Übrigens sind die länglichen Riesen-Wassermelonen süßer als die runden. «

Marinierte Beeren

1. Himbeeren verlesen, waschen, trocken tupfen und mit dem Zucker mischen. Zitronensaft darüberträufeln, pürieren und durch ein Sieb streichen.

2. Gemischte Beeren verlesen, waschen, eventuell putzen und trocken tupfen. Erdbeeren vierteln. Alle Beeren in einer Schüssel vermischen.

3. Die Beeren mit dem Himbeermark vermischen. Mit Puderzucker, Zitronensaft und Orangenlikör abschmecken.

Melonen-Orangen-Salat

1. Honigmelone, Wassermelone und Kantaloup-Melone in Spalten schneiden, mit einem Löffel entkernen und schälen. Das Melonenfleisch in mundgerechte Stücke schneiden.

2. Orangen so schälen, dass auch die weiße Haut mit entfernt wird, und filetieren. In einer Schüssel mit den Melonenstücken mischen, die Orangenreste darüber auspressen.

3. Minze in feine Streifen schneiden und zu den Früchten geben. Salat mit Zitronensaft und Puderzucker abschmecken. Nach Belieben 1 EL Orangenlikör und Orangenschale hinzufügen.

> Früchte im Gewürzsirup

400 ml Wasser mit 40 g Zucker, 5 Scheiben Ingwer, je 2 Streifen Zitronen- und Orangenschale, 1 Sternanis, 1 Stück Zimtrinde, 1/2 TL Kardamomkapseln, 2 Gewürznelken und dem Mark von 1/2 Vanilleschote in einem Topf aufkochen lassen. Vom Herd nehmen, 80 g Honig darin auflösen und den Sirup lauwarm abkühlen lassen. 2 Kiwis, 2 Orangen, 4 Scheiben Ananas, 1 Mango und 1/2 Honigmelone schälen, in nicht zu kleine Stücke schneiden und mit dem abgeseihten Sirup mischen. 1/2 Tag durchziehen lassen. Gut gekühlt als Fruchtsalat oder mit Eis servieren.

Orangen filetieren & Orangensalat

Zutaten

Zum Filetieren:
4 Orangen

Für den Salat (4 Personen):
Fruchtfilets von 4 Orangen
2 cl Orangenlikör
(z. B. Grand Marnier)
Kardamomsamen aus der Mühle
1 TL rosa Pfefferbeeren
1 Stück langer Pfeffer
1 ausgekratzte Vanilleschote
1 EL Pistazienkerne
5 Minzeblätter
einige Spritzer Olivenöl
Fleur de Sel

Schuhbeck empfiehlt:

» Die Vanilleschote können Sie nach dem Ziehen im Salat wiederverwenden: Einfach herausnehmen, kurz waschen, trocken tupfen und z. B. Zucker in einem Schraubglas damit aromatisieren. Langer Pfeffer wird als Ersatz für schwarzen Pfeffer verwendet. Er ist teurer als dieser und schärfer. Deshalb sollte er vorsichtig dosiert werden. Fleur de Sel ist ein Naturprodukt, das in Salzgärten aus Meerwasser gewonnen wird. «

Orangen filetieren

1. Die Orange auf dem Schneidebrett mit der Hand hin und her rollen. Die Enden mit dem Sägemesser gerade abschneiden.

2. Orange mit einer Schnittfläche nach unten auf das Brett stellen und die Schale mit dem Messer in breiten Streifen abschneiden.

3. Dabei darauf achten, dass auch die weiße Haut mit entfernt wird. Die Fruchtfilets aus den Trennhäuten schneiden.

Orangensalat

1. Die Orangenfilets in eine Schüssel geben und mit den Händen den Saft aus den Orangenresten in die Schüssel drücken.

2. Den Likör dazugießen und die Filets mit Kardamom aus der Mühle würzen. Mit Pfefferbeeren bestreuen und etwas langen Pfeffer darüberreiben.

3. Vanille und Pistazien hinzufügen. Den Orangensalat mit Minze garnieren und etwas Olivenöl darübergießen, leicht mit Fleur de Sel würzen. Den Salat 5 Min. ziehen lassen.

> ### Orangen-Variationen

Sie können die Orangenfilets auch unter Joghurt oder Quark heben und z. B. zum Frühstück servieren.
Orangenfilets passen auch sehr gut
- in Blattsalate zu Barbarie-Ente, Fasan oder Wild,
- in Obstsalate,
- mit Orangensauce gemischt als Kompott,
- in Früchtequark,
- in Eisbecher oder zu Schokomousse,
- zu Parfaits und Cremes.

Glühweinbirnen & dunkle Schokomousse

Zutaten (4 Personen)

Für die Glühweinbirnen:
4 reife feste Birnen
1 EL Puderzucker
100 ml Portwein
¼ l kräftiger Rotwein
¼ l Schwarzer Johannisbeersaft
100 g Zucker
1 aufgeschlitzte Vanilleschote
½ Zimtrinde
1 Gewürznelke
1 Scheibe Ingwer
2 dünne Streifen unbehandelte Orangenschale
1 geh. EL Speisestärke
4 cl Cassislikör

Für die Schokomousse:
180 g Zartbitterkuvertüre
1 kleines Ei · 1 Eigelb
1–2 TL Rum · 1–2 TL Weinbrand
400 g Sahne

Schuhbeck empfiehlt:

» Die Birnen brauchen je nach Reifegrad unterschiedlich lange, um in dem Rotweinsud leicht weich zu ziehen.
Sie können die Mousse auch mit 50 g Vollmilchkuvertüre und 130 g Zartbitterkuvertüre herstellen. Der Rum kann durch Birnengeist ersetzt werden. Wenn Sie die Mousse etwas fester möchten, lösen Sie 2 eingeweichte Blätter Gelatine im warmen Birnengeist auf, bevor Sie ihn unter die Schokomasse rühren. «

Glühweinbirnen

1. Am Vortag die Birnen halbieren, schälen und die Kerngehäuse – am besten mit einem Kugelausstecher – entfernen.

2. Den Puderzucker in einem Topf karamellisieren und mit Port- und Rotwein ablöschen.

3. Den Saft und den Zucker unterrühren. Die ganzen Gewürze und Zitrusschalen hinzufügen und den Sud aufkochen lassen.

4. Die Birnenhälften dazugeben und in dem Sud knapp unter dem Siedepunkt 10 bis 15 Min. nicht zu weich ziehen lassen.

5. Birnen herausnehmen. Stärke mit Wasser glatt rühren. Sud aufkochen, Stärke einrühren und etwa 2 Min. kochen lassen.

6. Durch ein Sieb gießen, Likör hinzufügen und Birnen dazugeben. Den Weinsud mit 1 Blatt Backpapier bedecken und die Birnen 1 Tag durchziehen lassen.

Schokomousse

1. Die Kuvertüre grob hacken und in einer Metallschüssel im heißen Wasserbad unter Rühren schmelzen lassen.

2. Ei und Eigelb in einer Schüssel im heißen Wasserbad schaumig schlagen. Kuvertüre, dann Rum und Weinbrand unterrühren.

3. Masse lauwarm abkühlen lassen. Sahne halbsteif schlagen und unterheben. Die Mousse in eine Schüssel füllen und zugedeckt 2 Std. kühl stellen.

Kaiserschmarren & Pfannkuchen

Zutaten (4 Personen)

Für den Kaiserschmarren:
120 g Mehl · ¼ l Milch
4 Eigelb
Mark von ½ Vanilleschote
1–2 EL braune Butter (siehe S. 96)
50 g Zucker
1–2 EL Rum · Salz
1 Msp. abgeriebene unbehandelte Zitronenschale
4 Eiweiß · 3 EL Butter
Puderzucker zum Bestäuben

Für die Pfannkuchen:
100 g Mehl · 300 ml Milch
3 Eier · 1 EL Zucker
3 EL braune Butter (siehe S. 96)
Salz
je 1 Msp. abgeriebene unbehandelte Zitronen- und Orangenschale
ca. 5 EL Öl zum Backen

Schuhbeck empfiehlt:

» Verrühren Sie immer zuerst das Mehl mit der Milch und fügen dann die Eier hinzu – sonst können sich Klümpchen bilden. Damit der Pfannenstiel im heißen Ofen geschützt ist, umwickeln Sie ihn mit Alufolie. Servieren Sie den Schmarren mit Puderzucker bestäubt und mit Apfel- oder Zwetschgenkompott. Sie können den Schmarrenteig aber auch variieren: Mischen Sie Mandeln, Rosinen oder Apfelstücke darunter. «

Kaiserschmarren

1. Das Mehl und die Milch in einer kleinen Schüssel mit dem Schneebesen glatt verrühren. Den Backofengrill einschalten.

2. Eigelbe, Vanillemark, braune Butter, 1 TL Zucker, Rum und 1 Prise Salz unterrühren. Die Zitronenschale hinzufügen.

3. Eiweiße mit 1 EL Zucker und 1 Prise Salz mit dem Schneebesen steif schlagen. Portionsweise unter den Teig heben.

4. In einer beschichteten Pfanne 1 EL Butter zerlassen, Teig hineingeben, Unterseite bräunen. Unter dem Grill auf der untersten Schiene 3 Min. hell backen.

5. Teig aus der Pfanne nehmen und auf einem Brett mit zwei Gabeln in große Stücke reißen. Pfanne mit Küchenpapier auswischen.

6. Restliche Butter zerlassen, restlichen Zucker darin karamellisieren und den Schmarren darin goldbraun backen. Nach Belieben mit Puderzucker bestäuben.

Pfannkuchen

1. Mehl und Milch in einer Schüssel mit dem Schneebesen verrühren. Eier hinzufügen und unterrühren. Zucker, braune Butter, 1 Prise Salz und Zitrusschalen unterrühren. Teig etwa 10 Min. quellen lassen.

2. Teig nochmals durchrühren. Die heiße Pfanne mit Öl einpinseln. Schöpflöffelweise wenig Teig für dünne Crêpes oder viel Teig für dickere Pfannkuchen hineingeben. Durch Schwenken der Pfanne gleichmäßig verteilen.

3. Crêpe oder Pfannkuchen bei mittlerer Hitze backen, bis die Unterseite gebräunt ist. Wenden und die andere Seite goldbraun backen. Aus dem restlichen Teig auf die gleiche Weise Pfannkuchen backen.

KIRSCH-CHUTNEY & KIRSCH-TARTES

ZUTATEN (4 PERSONEN)

Für das Kirsch-Chutney:
250 g Kirschen · 40 g Zucker
½ gestr. EL Pektin
1 Splitter Zimtrinde
1 Zacken Sternanis · ½ Scheibe Ingwer
1 kleiner Streifen unbehandelte
Orangenschale
½ EL Puderzucker
je 25 ml Port- und Rotwein
50 ml Sauerkirschsaft
½ Zwiebel (geschält und in kleine
Würfel geschnitten)
Salz · Pfeffer aus der Mühle
40 g Mandelsplitter (angeröstet)
½ TL Zartbitterschokolade (geraspelt)

Für die Kirsch-Tartes:
60 g Marzipan · 1 Eiweiß
je 10 g weiche Butter und gemahlene
Mandeln · 1 TL brauner Rum
150 g Blätterteig
300 g Kirschen (halbiert, entsteint)
70 g Aprikosenkonfitüre
¼ ausgekratzte Vanilleschote
1 Streifen unbehandelte
Orangenschale

Für die Schokoladenkirschen:
250 g Zucker · 5 cl Kirschwasser
300 g Kirschen (gewaschen, mit Stiel)
150 g dunkle Schokoglasur

Kirsch-Chutney

Kirschen waschen, entsteinen. Zucker und Pektin mischen. Gewürze in Einwegteebeutel füllen. Puderzucker karamellisieren.

Mit Port- und Rotwein ablöschen, Saft mit Pektin einrühren. Kirschen, Zwiebel und Gewürze hinzufügen. Mit Salz und Pfeffer würzen.

10 Min. mehr ziehen als köcheln lassen. Gewürze entfernen. Mandeln und Schokolade dazugeben. Heiß abfüllen, abkühlen lassen. Passt zu Ente, Wild oder Käse.

Kirsch-Tartes

Marzipan mit Eiweiß verrühren. Butter, Mandeln und Rum hinzufügen. Teig 3 mm dick ausrollen. 4 Kreise à 12 cm ∅ ausstechen.

Auf ein mit Backpapier ausgelegtes Blech legen. Mit Marzipan bestreichen, ca. 1 1/2 cm Rand frei lassen. Kirschen daraufsetzen.

Im auf 200 °C vorgeheizten Ofen (untere Schiene) 20 Min. backen. Konfitüre mit Gewürzen erhitzen, ziehen lassen, ohne Gewürze pürieren. Tartes bepinseln.

Schokoladenkirschen

Zucker mit 1/4 l Wasser aufkochen, abkühlen lassen. Kirschwasser und Kirschen zufügen. 1 bis 2 Tage gekühlt marinieren.

Kirschen gut abtropfen lassen. Glasur schmelzen. Kirschen am Stiel fassen, in flüssige Schokolade tauchen, abtropfen lassen.

Die Schokoladenkirschen mit etwas Abstand auf Backpapier setzen und trocknen lassen.

Mürbeteig & Hefeteig

Zutaten (je ca. 500 g)

Für Mürbeteig-Plätzchen:
175 g weiche Butter · Salz
75 g Puderzucker
Mark von ½ Vanilleschote
1 TL abgeriebene unbehandelte
Zitronenschale · 2 Eigelb
240 g Mehl und etwas Mehl
für die Arbeitsfläche

Für Hefezopf:
2 EL Rosinen · 1 ½ EL Rum
20 g Hefe · 150 ml lauwarme Milch
300 g Mehl · 50 g Zucker
2 Eigelb · 1 EL Mandellikör
Salz · 1 Msp. Vanillemark
1 Msp. abgeriebene unbehandelte
Zitronenschale
50 g weiche Butter
Butter und Mehl für das Backblech
1 verquirltes Ei
50 g Puderzucker
1–2 EL Mandelblättchen (angeröstet)

Schuhbeck empfiehlt:

» Der Mürbeteig eignet sich auch gut als Obsttortenboden. Er lässt sich zudem einfrieren oder 1 Woche im Kühlschrank aufbewahren. Noch besser schmeckt der Hefeteig, wenn Sie ihn nach dem Zusammenrühren mit Frischhaltefolie bedeckt über Nacht im Kühlschrank ruhen lassen und erst am nächsten Tag weiterverarbeiten. Ohne Rumrosinen ist dieser Hefeteig ein idealer Boden für Zwetschgenkuchen. «

Mürbeteig-Plätzchen

1 Butter, 1 Prise Salz, Puderzucker, Vanillemark und Zitronenschale glatt verrühren. Nach und nach die Eigelbe unterrühren.

2 Das Mehl hinzufügen und nur so lange unterrühren, bis der Teig glatt ist. In Frischhaltefolie gewickelt 2 Std. kühl stellen.

3 Kurz durchkneten, mit etwas Mehl ausrollen. Plätzchen ausstechen, im auf 170 °C vorgeheizten Ofen auf mittlerer Schiene 12 bis 15 Min. goldbraun backen.

Hefezopf

1 Die Rosinen mit 1 EL Rum in eine kleine Schüssel geben und ziehen lassen. Inzwischen den Teig zubereiten.

2 Hefe in der Milch auflösen. Mit Mehl, Zucker, Eigelben, Likör, 1 Prise Salz, Vanille, Zitronenschale verkneten, Butter unterkneten.

3 Teig geschmeidig kneten. Mit Folie bedeckt etwa 30 Min. an einem warmen Ort gehen lassen (Volumen verdoppelt sich).

4 Das Backblech mit flüssiger Butter bestreichen und mit Mehl bestäuben. Rumrosinen zum Teig geben und unterkneten. Den Teig in drei gleich große Stücke teilen und zu gleich langen Strängen formen.

5 Einen Zopf flechten. Auf das Blech setzen und nochmals an einem warmen Ort 20 Min. gehen lassen. Zopf mit dem Ei bestreichen, im auf 180 °C vorgeheizten Ofen 25 bis 30 Min. hellbraun backen.

6 Für den Guss Puderzucker mit restlichem Rum und evtl. etwas Wasser verrühren, den abgekühlten Zopf damit bestreichen. Solange der Überzug noch nicht fest ist, mit den gerösteten Mandelblättchen bestreuen.

Dampfnudeln

Zutaten (4 Personen)
½ l Milch
25 g Hefe (zerbröckelt)
50 g Zucker
500 g Mehl
2 Eier
Salz
80 g weiche Butter
Mehl für die Arbeitsfläche
je 30 g Butter und Butterschmalz

Schuhbeck empfiehlt:

» Sollte die Kruste nicht dunkel genug sein, kann man die Dampfnudeln auf dem Herd noch etwas nachbacken.
Dazu passt die Vanillesauce von S. 224. Für 4 Personen einfach die Zutatenmengen verdoppeln. Oder probieren Sie auch mal gedünstete Äpfel als Beilage dazu. «

Für den Vorteig die Hälfte der Milch erwärmen. Topf vom Herd nehmen, die Hefe in der Milch auflösen. 2 TL Zucker zufügen.

Mehl in eine Schüssel geben und eine kleine Mulde in die Mitte drücken. Hefemilch hineingießen, mit etwas Mehl verrühren.

Die Schüssel mit Frischhaltefolie bedecken und den Vorteig an einem warmen Ort etwa 15 Min. gehen lassen.

Die Eier verquirlen und mit 20 g Zucker und 1 Prise Salz unter den Vorteig rühren. Die weiche Butter hinzufügen.

Mit den Knethaken des Handrührgeräts so lange kneten, bis ein glatter, elastischer Teig entstanden ist.

Den Hefeteig zugedeckt nochmals etwa 45 Min. gehen lassen, bis sich sein Volumen etwa verdoppelt hat.

Den Backofen auf 180 °C vorheizen. Den Teig mit den Händen auf der leicht bemehlten Arbeitsfläche kräftig durchkneten. Zu 4 bis 5 cm dicken Rollen formen und in gleichmäßige Stücke à etwa 5 cm schneiden. Jedes Teigstück zu einer glatten Kugel rollen.

Restliche Milch in einem flachen ofenfesten Topf (30 cm Ø) mit dem übrigen Zucker erwärmen. Butter und Butterschmalz darin schmelzen lassen, den Topf vom Herd nehmen. Teigkugeln mit der Nahtseite nach unten hineinsetzen und zugedeckt erneut 20 Min. gehen lassen.

Den Topf auf den Herd stellen und die Dampfnudeln bei milder Hitze 8 bis 10 Min. garen. Den Topf zugedeckt auf das Gitter in den Ofen stellen. Die Dampfnudeln etwa 35 Min. backen. Den Topf zwischendurch nicht öffnen, damit die Dampfnudeln schön luftig werden.

Salzburger Nockerln

Zutaten (4–6 Personen)

Butter für die Form
6 Eiweiß
40 g Zucker
Salz
4 Eigelb
3 EL Mehl
150–200 g Preiselbeeren
(aus dem Glas)
Puderzucker zum Bestäuben

Schuhbeck empfiehlt:

» Damit der Eischnee schön steif wird, sollten Sie unbedingt darauf achten, gründlich gereinigte und fettfreie Geräte (z. B. Rührschüssel oder Quirle) zu verwenden.
Das Eiweiß muss außerdem sehr sauber vom Eigelb getrennt werden, denn das im Eidotter enthaltene Fett verhindert, dass sich das Eiweiß zu Schnee schlagen lässt. «

1 Den Backofen auf 200 °C vorheizen. Eine mittelgroße Auflaufform mit Butter einfetten. Eiweiße in eine Schüssel geben.

2 Mit dem Zucker und 1 Prise Salz mit den Quirlen des Handrührgeräts cremig steif schlagen, der Eischnee sollte glänzen.

3 Die Eigelbe hinzufügen und locker mit dem Teigschaber oder einem Kochlöffel unter den Eischnee heben.

4 Das Mehl auf die Masse sieben und ebenfalls unterheben, bis eine luftige, homogene Masse entsteht.

5 Die Preiselbeeren in der Auflaufform verteilen. Die Eischneemasse mit einer Teigkarte in 3 Portionen nebeneinander in die Form setzen und jeweils Spitzen ziehen.

6 Die Nockerln im Ofen auf der mittleren Schiene 18 bis 20 Min. backen. Herausnehmen, durch ein Sieb mit Puderzucker bestäuben und sofort servieren. Die Salzburger Nockerln sollten innen noch etwas cremig sein.

> ## Nockerln-Variationen

Ganz nach Geschmack lässt sich die Nockerlmasse auch noch mit 1 bis 2 TL Vanillezucker aromatisieren.
Statt der Preiselbeeren können Sie natürlich auch andere Obstsorten der Saison als »Unterlage« verwenden, z. B. Pfirsich- oder Aprikosenspalten, entsteinte Kirschen, Birnenstücke oder auch kleine Erdbeeren.
Sie können die Früchte auch als Kompott oder Sauce getrennt zu den Nockerln reichen.

Apfelstrudel

Zutaten (2 Strudel)

300 g Mehl
Salz · 4 EL Öl
1 Eigelb
8 Äpfel (z. B. Boskop oder Braeburn)
100 g Weißbrotbrösel
60 g Zucker
½–1 TL Zimtpulver
70 g Mandelblättchen (geröstet)
60 g Rumrosinen
Saft von 1 Zitrone
Mehl zum Verarbeiten
40 g flüssige Butter zum Bestreichen und für die Form
Puderzucker zum Bestäuben

Schuhbeck empfiehlt:

» Sie können natürlich auch fertigen Strudelteig aus dem Kühlregal verwenden. Dafür 2 Teigblätter (à 30 x 30 cm) sofort nach dem Öffnen mit flüssiger Butter bestreichen und leicht überlappend nebeneinanderlegen. Statt Rumrosinen können Sie auch Rosinen verwenden, die in Grappa oder Orangenlikör eingelegt wurden. Für einen Rahmstrudel verrühren Sie 150 ml Milch mit 1 EL Zucker und gießen die Zuckermilch über die Strudel. «

Das Mehl in eine Schüssel sieben, 1 Msp. Salz daraufstreuen und in die Mitte eine Mulde drücken.

In die Mulde 3 EL Öl, 150 ml lauwarmes Wasser und das Eigelb geben und alle Zutaten zu einem glatten Teig verkneten.

Teig halbieren, zu Kugeln formen, mit Öl bestreichen und in Frischhaltefolie wickeln. Bei Zimmertemperatur 2 Std. ruhen lassen.

Den Backofen auf 200 °C vorheizen. Die Äpfel schälen, vierteln, die Kerngehäuse entfernen und die Äpfel in Stücke schneiden.

Brösel, Zucker und Zimt anrösten. In einer Schüssel mit Äpfeln, Mandeln, Rumrosinen und Zitronensaft mischen.

Einen Strudelteig mit Mehl bestäuben und mit einem Nudelholz auf einem großen bemehlten Tuch (50 x 50 cm) ausrollen.

Den Teig vorsichtig über die Handrücken hauchdünn ausziehen und mit flüssiger Butter bestreichen. Die Hälfte der Füllung in einem breiten Streifen auf die Längsseite verteilen, dabei einen 5 cm breiten Rand lassen.

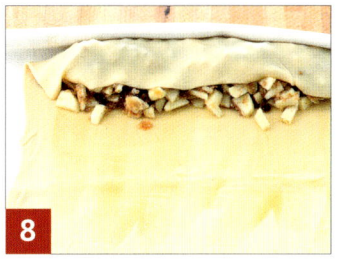

Den Strudel mithilfe des Tuchs aufrollen, die Teigenden nach unten einklappen. Den Strudel mit der Naht nach unten in eine eingefettete tiefe Form legen. Den zweiten Strudel ebenso herstellen.

Beide Apfelstrudel mit flüssiger Butter bestreichen und im Ofen auf der mittleren Schiene etwa 20 Min. hell backen. Die Strudel etwas abkühlen lassen und vor dem Servieren durch ein Sieb mit Puderzucker bestäuben.

Register

A
Apfelstrudel 242
Artischocken, eingelegte 42
Avocado-Chutney 61
Avocado-Salsa 60

B
Backhendl 202
Bärlauchpesto 118
Basilikum-Limetten-Öl 148
Bayerische Creme 214
Bayerisches Kraut 134
Bayerisches Kraut mit Birne 135
Bayerisches Kraut mit Quitte 135
Beeren, marinierte 226
Beilagen
   Avocado-Chutney 61
   Avocado-Salsa 60
   Bayerisches Kraut 134
   Bayerisches Kraut mit Birne 135
   Bayerisches Kraut mit Quitte 135
   Bratkartoffeln 128
   Brezenknödel 106
   Champagnerkraut 133
   Fingernudeln 116
   Kartoffel-Endivien-Salat 64
   Kartoffelgratin 116
   Kartoffelknödel 120
   Kartoffelpüree 124
   Kartoffelrösti 122
   Kartoffelsalat 64, 128
   Kirsch-Chutney 234
   Kokos-Curry-Kraut 133
   Kürbispüree 126
   Linsensalat 62
   Mango-Chutney 206
   Mangold 138
   Radigemüse 40
   Rahmkraut 133
   Rahmspinat 138
   Risotto 110
   Safran-Risotto 111
   Sauerkraut 132
   Selleriepüree 126
   Semmelknödel 106
   Spätzle 118
   Tomatensalat 45
Blanchieren 24
Bouillon 74
Brathähnchen 204
Brathering 46
Bratkartoffeln 128
Braune Butter 96
Brezenknödel 106
Brotaufstriche 30
Bruschetta 34
Bruschetta mit Avocado 34
Bruschetta mit Pilzen 34
Bruschetta mit Tomaten 34
Butter
   Braune Butter 96
   Kräuterbutter 98
   Rotweinbutter 98
   Weißweinbutter 150
   Zitronen-Orangen-Butter 98
Butter, braune 96
Butter mit Aroma 97
Butternockerln 76
Buttersaucen 100

C
Carpaccio 50
Champagnerkraut 133
Chicken wings 206
Club-Sandwich 36
Consommé 74
Cordon bleu 164
Creme, Bayerische 214
Croûtons 32
Curry-Fischsuppe 90
Currysuppe mit Gemüse 70

D
Dampfnudeln 238
Desserts und Mehlspeisen
   Apfelstrudel 242
   Bayerische Creme 214
   Dampfnudeln 238
   Dunkle Schokomousse 230
   Früchte im Gewürzsirup 227
   Geeister Kaiserschmarren 220
   Geeistes vom Kaffee 222
   Glühweinbirnen 230
   Granité 220
   Kaffee-Panna-cotta 70
   Kaiserschmarren 232
   Kirsch-Tartes 234
   Limetten-Granité 220
   Marinierte Beeren 226
   Melonen-Orangen-Salat 226
   Orangensalat 228
   Parfait 220
   Pfannkuchen 232
   Rahmstrudel 242
   Salzburger Nockerln 240
   Topfen-Aprikosen-Creme 216
   Vanille-Parfait 220
   Vanillesauce 224
Desserts, fruchtige 226
Dickes Steak 172
Doppelte Kraftbrühe 74
Dorade, gebratene 142
Dreierlei Butter 98
Dressings
   French Dressing 54
   Kräuter-Dressing 54
   Vinaigrette 54
Dünsten 25
Dunkle Schokomousse 230

E
Eingelegte Artischocken 42
Eingelegtes Gemüse 42
Entenbrust 202
Erbsensuppe 86
Erdbeermark 224

F
Filetspieß, gemischter 174
Fingerfood 70
Fingernudeln 116

Fisch beizen 48
Fisch filetieren und entgräten 18
Fisch und Meeresfrüchte
   Brathering 46
   Fisch beizen 48
   Fisch-Variationen 151
   Forelle gebraten und gedämpft 146
   Forellenfilets aus dem Ofen 147
   Garnelen oder Scampi vorbereiten 18
   Gebeizte Lachsforelle 48
   Gebratene Dorade 142
   Gebratene Garnelen 154
   Gedämpfter Kabeljau 142
   Hummer 156
   Hummerfond 156
   Hummersauce 156
   Karpfen in Bierteig 144
   Krabbenfüllung 28
   Lachs mit Gurke 70
   Lachsforelle in der Salzkruste 148
   Lauwarm gebeizter Lachs 49
   Muscheln mit Gemüsesud 152
   Pochierte Garnelen 154
   Saibling in der Folie 150
   Saiblings-Toast 36
   Spaghetti vongole 153
   Steak-Sandwich 38
Fleisch beizen 48
Fleischbrühe (Bouillon) 74
Fleischgerichte
   Carpaccio 50
   Cordon bleu 164
   Dickes Steak 172
   Fleischpflanzerl 186
   Gebeiztes Kalbsfilet 48
   Gefüllte Paprika 190
   Gefüllte Rinderroulade 176
   Gefülltes Perlhuhn 208
   Gegrillte Schweinshaxen 194
   Gemischter Filetspieß 174
   G'surte Schweinshaxen 194
   Hamburger 186
   Kalbshaxe 166
   Kalbskotelett 160
   Kalbsleber Berliner Art 169
   Kalbsleber venezianische Art 168
   Kalbsrahmgulasch 193
   Kalbsschnitzel 160
   Krautwickerl 188
   Krautwickerl mit Tomatensauce 189
   Krustenbraten 196
   Lammeintopf 198
   Lammkarree 198
   Minutensteak 172
   Münchner Schnitzel 165
   Ossobuco 167
   Pichelsteiner 84
   Rehrückenfilet 210
   Rinderfilet 170
   Rinderfilet im Ganzen 173
   Rindergulasch 193
   Rindfleischtatar 52
   Roastbeef 170
   Saltimbocca 162
   Sauerbraten 178
   Schweinefilet 182
   Schweinekotelett natur 184
   Schweinekotelett paniert 184
   Schweine-Medaillons 182
   Schweinerücken und -steaks 183
   Steak-Sandwich 38
   Szegediner Gulasch 192
   Tafelspitz in Brühe 180
   Tatar im Roastbeefmantel 52
   Tatar mit Gemüsesalat 52
   Wiener Schnitzel 162
Fleischpflanzerl 186
Forelle gebraten 146
Forelle gedämpft 146
Forellenfilets aus dem Ofen 147
French Dressing 54
Frischkäse 30
Frischkäse, süßer 30
Früchte im Gewürzsirup 227
Fruchtige Desserts 226

G
Garnelen oder Scampi vorbereiten 18
Garnelen, gebraten 154
Garnelen, pochiert 154
Gazpacho 92
Gebackene Kartoffelknödel 120
Gebackene Weißwurstradeln 68
Gebeizte Lachsforelle 48
Gebeizter Lachs, lauwarm 49
Gebeiztes Kalbsfilet 48
Gebratene Dorade 142
Gebratene Garnelen 154
Gebratene Hähnchenbrust 205
Gebundene Suppen 86
Gedämpfter Kabeljau 142
Geeiste Gurkensuppe 92
Geeister Kaiserschmarren 220
Geeistes vom Kaffee 222
Geflügelgerichte
   Backhendl 202
   Brathähnchen 204
   Chicken wings 206
   Entenbrust 202
   Gebratene Hähnchenbrust 205
   Gefülltes Perlhuhn 208
   Geschnetzeltes 204
   Hähnchenbrustfilets mit Currysauce 200
   Hühnerfrikassee 80
Gefüllte Nudeln 114
Gefüllte Paprika 190
Gefüllte Rinderroulade 176
Gefülltes Perlhuhn 208
Gegrillte Schweinshaxen 194
Gekochte Kartoffelknödel 120
Gemischter Filetspieß 174
Gemüse, eingelegtes 42
Gemüserösti 122
Gemüsesaucen 102
Geschnetzelte Hähnchenbrust 204
Glühweinbirnen 230
Granité 220
Grießnockerln 76
Gröstl, Tiroler 130
Gröstl-Variationen 131
Grundtechniken
   Blanchieren 24
   Braune Butter 96
   Carpaccio schneiden 50
   Dünsten 25
   Fisch filetieren und entgräten 18
   Fisch und Fleisch beizen 48

Garnelen oder Scampi
vorbereiten 18
Gurken einlegen 19
Hummer aufbrechen 157
Karamell kochen 218
Nudeln vorkochen 112
Orangen filetieren 228
Paprika enthäuten 190
Pochieren 24
Radi schneiden 40
Rinderfilet aufschneiden 19
Saucen verfeinern 219
Spargel garen 136
Steaks braten 172
Tomaten häuten 44
Wein-Reduktion 219
Weißwürste kochen 68
G'surte Schweinshaxen 194
Gulasch, Szegediner 192
Gurken einlegen 19
Gurkensuppe, geeiste 92

H

Hähnchenbrust, gebratene 205
Hähnchenbrustfilets mit Curry-
 sauce 200
Halb rohe Kartoffelknödel 120
Hamburger 186
Hefeteig 236
Hefezopf 236
Honig-Senf-Dill-Sauce 56
Hühnerfrikassee 80
Hühnersuppe 80
Hummer 156
Hummerfond 156
Hummersauce 156

K

Kabeljau, gedämpfter 142
Kaffee, Geeistes vom 222
Kaffee-Panna-cotta 70
Kaiserschmarren 232
Kaiserschmarren, geeister 220
Kalbsfilet, gebeiztes 48
Kalbshaxe 166
Kalbskotelett 160
Kalbsleber Berliner Art 169
Kalbsleber venezianische Art 168
Kalbsrahmgulasch 193

Kalbssauce 94
Kalbsschnitzel 160
Kalte Saucen 56
Kalte Suppen 92
Karamell kochen 218
Karpfen in Bierteig 144
Kartoffeln
 Bratkartoffeln 128
 Fingernudeln 116
 Kartoffel-Endivien-Salat 64
 Kartoffelgratin 116
 Kartoffelkäs 30
 Kartoffelknödel 120
 Kartoffelknödel, gebackene 120
 Kartoffelknödel, gekochte 120
 Kartoffelknödel, halb rohe 120
 Kartoffelpüree 124
 Kartoffelrösti 122
 Kartoffelsalat 64, 128
 Kartoffelsauce 102
 Kartoffelsuppe 86
 Rösti aus gegarten
  Kartoffeln 123
 Tiroler Gröstl 130
Kirschen
 Kirsch-Chutney 234
 Kirsch-Tartes 234
 Schokoladenkirschen 234
Klassischer Obatzda 33
Kokos-Curry-Kraut 133
Kopfsalatpesto 85
Korianderbutter 98
Krabbenfüllung 28
Kraftbrühe (Consommé) 74
Kraut
 Bayerisches Kraut 134
 Bayerisches Kraut mit
  Birne 135
 Bayerisches Kraut mit
  Quitte 135
 Champagnerkraut 133
 Kokos-Curry-Kraut 133
 Krautwickerl 188
 Krautwickerl mit Tomaten-
  sauce 189
 Rahmkraut 133
 Sauerkraut 132
Kräuterbutter 98
Kräuter-Dressing 54

Kräutersauce 56
Krautwickerl 188
Krautwickerl mit Tomaten-
 sauce 189
Krustenbraten 196
Kürbispüree 126
Kürbissuppe mit Curry 86

L

Lachs mit Gurke 70
Lachs, lauwarm gebeizter 49
Lachsforelle in der
 Salzkruste 148
Lachsforelle, gebeizte 48
Lammeintopf 198
Lammkarree 198
Lauwarm gebeizter Lachs 49
Leberknödel 78
Leberspätzle 78
Limetten-Granité 220
Limettensauce 56
Linsensalat 62

M

Mango-Chutney 206
Mangold 138
Marinierte Beeren 226
Maultaschen 115
Mayonnaise 58
Mehlspeisen
 Apfelstrudel 242
 Dampfnudeln 238
 Kaiserschmarren 232
 Pfannkuchen 232
 Rahmstrudel 242
 Salzburger Nockerln 240
Melonen-Orangen-Salat 226
Melonensuppe mit
 Minze 92
Minestrone 82
Minutensteak 172
Münchner Schnitzel 165
Mürbeteig 236
Mürbeteig-Plätzchen 236
Muscheln mit Gemüsesud 152

N

Nockerln, Salzburger 240
Nockerln-Variationen 241

Nudeln aglio e olio 112
Nudeln, gefüllte 114
Nudeln vorkochen 112

O
Obatzda mit Birne 32
Obatzda, klassischer 33
Ofentomaten 44
Omelett mit dreierlei Füllungen 28
Orangen filetieren 228
Orangensalat 228
Orangen-Variationen 229
Ossobuco 167

P
Paprika enthäuten 190
Paprika, gefüllte 190
Parfait 220
Pasta
    Gefüllte Nudeln 114
    Maultaschen 115
    Nudeln aglio e olio 112
    Nudeln vorkochen 112
    Ravioli 115
    Spaghetti vongole 153
Perlhuhn, gefülltes 208
Pfannkuchen 232
Pichelsteiner 84
Pilze
    Club-Sandwich 36
    Pilzfüllung 28
    Pilz-Spätzle 119
    Rahmschwammerl 108
    Sandwich mit Pilzen 39
    Tiroler Gröstl 128
Pochieren 24
Pochierte Garnelen 154
Power-Müsli 22

R
Radi mit Pesto 41
Radi schneiden 40
Radigemüse 40
Rahmkaramell 218
Rahmkraut 133
Rahmschwammerl 108
Rahmspinat 138
Rahmstrudel 242

Ravioli 115
Rehrückenfilet 210
Rehsauce 210
Remoulade 58
Rinderfilet 170
Rinderfilet aufschneiden 19
Rinderfilet im Ganzen 173
Rindergulasch 193
Rinderroulade, gefüllte 176
Rindfleischtatar 52
Risotto 110
Roastbeef 170
Rösti aus gegarten Kartoffeln 123
Rotweinbutter 98
Rouille 58
Rucolapesto 82
Rührei 26

S
Safran-Risotto 111
Saibling in der Folie 150
Saiblings-Toast 36
Salat-Dressings 54
Salate
    Kartoffel-Endivien-Salat 64
    Kartoffelsalat 64, 128
    Linsensalat 62
    Melonen-Orangen-Salat 226
    Orangensalat 228
    Tomatensalat 45
    Wurstsalat 66
Salsa-Variationen 61
Saltimbocca 162
Salzburger Nockerln 240
Sandwich mit Pilzen 39
Sauce béarnaise 101
Sauce hollandaise 100
Saucen
    Avocado-Chutney 61
    Avocado-Salsa 60
    Braune Butter 96
    Buttersaucen 100
    Dreierlei Butter 98
    Erdbeermark 224
    French Dressing 54
    Gemüsesaucen 102
    Honig-Senf-Dill-Sauce 56
    Hummersauce 156
    Kalbssauce 94
    Kartoffelsauce 102
    Kräuterbutter 98
    Kräutersauce 56
    Kräuter-Vinaigrette 54
    Limettensauce 56
    Mango-Chutney 206
    Mayonnaise 58
    Rehsauce 210
    Remoulade 58
    Rouille 58
    Rotweinbutter 98
    Salat-Dressings 54
    Salsa-Variationen 61
    Sauce béarnaise 101
    Sauce hollandaise 100
    Schokoladensauce 224
    Senfsauce 102
    Tomatensauce 88
    Vanillesauce 224
    Vinaigrette 54
    Zitronen-Orangen-Butter 98
Saucen, kalte 56
Saucen, süße 224
Saucen verfeinern 219
Sauerbraten 178
Sauerkraut 132
Schnelle Tomatensauce 89
Schnitzel, Münchner 165
Schnitzel, Wiener 162
Schokoladenkirschen 234
Schokoladensauce 224
Schokomousse, dunkle 230
Schweinefilet 182
Schweinekotelett natur 184
Schweinekotelett paniert 184
Schweine-Medaillons 182
Schweinerücken 183
Schweinerückensteaks 183
Schweinshaxen, gegrillte 194
Schweinshaxen, g'surte 194
Selleriepüree 126
Semmelknödel 106
Senfsauce 102
Snacks
    Avocado-Salsa 60
    Bruschetta 34
    Club-Sandwich 36
    Power-Müsli 22
    Saiblings-Toast 36

Sandwich mit Pilzen 39
Steak-Sandwich 38
Spaghetti vongole 153
Spargel braten 136
Spargel dämpfen 136
Spargel garen 136
Spargel kochen 136
Spargelfond 136
Spargelfüllung 28
Spätzle 118
Spiegelei 26
Steak, dickes 172
Steaks braten 172
Steak-Sandwich 38
Suppen
Bouillon 74
Butternockerln 76
Consommé 74
Curry-Fischsuppe 90
Currysuppe mit Gemüse 70
Doppelte Kraftbrühe 74
Erbsensuppe 86
Gazpacho 92
Geeiste Gurkensuppe 92
Grießnockerln 76
Hühnersuppe 80
Kartoffelsuppe 86
Kürbissuppe mit Curry 86
Leberknödel 78
Leberspätzle 78
Melonensuppe mit Minze 92
Minestrone 82
Pichelsteiner 84
Tomatensuppe 88
Suppen, gebundene 86
Suppen, kalte 92
Süße Saucen 224
Süßer Frischkäse 30
Szegediner Gulasch 192

T
Tafelspitz in Brühe 180
Tatar im Roastbeefmantel 52
Tatar mit Gemüsesalat 52
Teige
Hefeteig 236
Mürbeteig 236

Tiroler Gröstl 130
Tomaten häuten 44
Tomatensalat 45
Tomatensauce 88
Tomatensuppe 88
Tomatensuppe, schnelle 89
Topfen-Aprikosen-Creme 216

V
Vanille-Parfait 220
Vanillesauce 224
Vinaigrette 54
Vorspeisen
Bruschetta 34
Carpaccio 50
Eingelegte Artischocken 42
Fingerfood 70
Frischkäse 30
Gebackene Weißwurstradeln 68
Kartoffelkäs 30
Lauwarm gebeizter Lachs 49
Omelett mit dreierlei Füllungen 28
Rindfleischtatar 52
Süßer Frischkäse 30
Tatar im Roastbeefmantel 52
Tatar mit Gemüsesalat 52
Weißwurstnocken 68

W
Wein-Reduktion 219
Weißweinbutter 150
Weißwürste kochen 68
Weißwurstnocken 68
Weißwurstradeln, gebackene 68
Weißwurst-Variationen 68
Wiener Schnitzel 162
Wurstsalat 66

Z
Zitronen-Orangen-Butter 98
Zitrusöl 151
Zweierlei Kartoffelsalat 64

Bildnachweis

Umschlag
siehe Impressum

Innenteil
Walter Cimbal: 10–15
Andrea Kramp & Bernd Gölling: 4 oben links, 8–9, 18 oben, 19, 22, 23, 28, 29, 32, 33, 36–41, 44–47, 50–53, 60–67, 76–85, 98, 99, 108, 109, 112, 113, 116, 117, 120, 121, 126, 127, 130–135, 138, 139, 144, 145, 148–151, 154, 155, 164, 165, 168, 169, 172–179, 184, 185, 188, 189, 194, 195, 200, 201, 206–209, 212–213, 216, 217, 228–231, 238–243
Alexander Hasselhoff: 4 unten, 5 oben, unten links und Mitte, 6, 7
Helmut Henkensiefken: 5 unten rechts
Jo Kirchherr: 24–27, 30, 31, 34, 35, 43, 48, 49, 54–59, 68–71, 74, 75, 86–97, 101–103, 106, 107, 114, 115, 118–125, 128, 129, 136, 137, 142, 143, 146, 147, 152, 153, 156, 157, 160, 161, 167, 170, 171, 181, 186, 187, 190–193, 197–199, 202–205, 210, 211, 214, 215, 218–227, 233–237
Susie Eising: 18 unten, 42, 140–141, 158–159, 162, 166, 180
Christian R. Schulz: 196, 232
StockFood/Klaus Arras: 72–73, 110
StockFood/Foodcollection: 14 links
StockFood/Jo Kirchherr: 20–21
StockFood/Renato Marcialis: 17
StockFood/Pepe Nilsson: 100